Microsoft Word XP/2003 Basiswissen

Begleitheft für Word-Einsteiger

Verlag:
readersplanet GmbH
Neuburger Straße 108
94036 Passau

http://www.readersplanet-fachbuch.de
info@readersplanet-fachbuch.de

Tel.: +49 851-6700
Fax: +49 851-6624

ISBN: 978-3-8328-0011-6

Covergestaltung:
www.3geist.de

Lektorat:
Inge Baumeister, MMTC Multi Media Trainingscenter GmbH

Herausgeber:
Christian Bildner

INHALTSVERZEICHNIS

Der Word-Arbeitsbildschirm

ca. 30 Min.

In dieser Lektion lernen Sie...

- Menüs und Symbolleisten verwenden
- Der Aufgabenbereich in Word
- Die Bildschirmansichten in Word
- Dokumente speichern, schließen und öffnen

Was Sie für diese Lektion wissen sollten:

- Umgang mit Maus und Tastatur
- Windows, Dateien und Ordner

Textverarbeitung ist nach wie vor eine der wichtigsten Aufgaben am PC. Im Gegensatz zur Schreibmaschine können nachträgliche Korrekturen jederzeit vorgenommen werden und darüber hinaus stellen Textverarbeitungsprogramme dem Anwender zahlreiche Möglichkeiten der Textgestaltung (Formatierung) sowie der Automatisierung und Standardisierung der Eingabe zur Verfügung. Microsoft Word XP (2002) ist Bestandteil des Microsoft Office XP Pakets und eines der am häufigsten eingesetzten Programme.

Bildschirmelemente und Befehlseingabe

Bevor Sie nach dem Starten von Word mit der eigentlichen Texteingabe beginnen, sollten Sie mit dem Bildschirm und den Bildschirmelementen bereits vertraut sein und sich daher zunächst einen Überblick über wichtige Einstellungen und die allgemeine Befehlseingabe von Word verschaffen.

Befehlseingabe und Einstellungen

Zur Befehlseingabe stehen die folgenden Möglichkeiten zur Auswahl:

- Die Menüzeile,
- Die Symbole der Symbolleisten,
- Kontextmenüs (rechte Maustaste),
- Tastenkombinationen (ShortCuts).

Der Word Bildschirm:

Die Elemente des Word Bildschirms

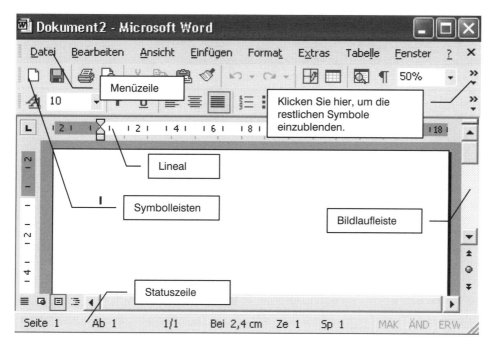

Menüzeile

Word verwendet so genannte personalisierte Menüs, das bedeutet dass nach einem Mausklick auf ein Menü zunächst die häufig verwendeten Befehle erscheinen, erst nach einer kurzen Verzögerung oder einem Mausklick auf den Doppelpfeil am unteren Ende des Menüs sehen Sie das vollständige Menü. Sie können jedoch die Einstellungen so ändern, dass immer vollständige Menüs angezeigt werden. Wählen Sie dazu im Menü EXTRAS den Befehl ANPASSEN..., klicken Sie auf das Register Optionen und aktivieren Sie mit einem Mausklick das Kontrollkästchen: "Menüs immer vollständig anzeigen".

Verkürzte Menüs

Symbolleisten

Word verfügt über verschiedene Symbolleisten zur schnellen Befehlseingabe. Als Hilfe erscheint ein kurzer Hinweistext (Quickinfo), sobald Sie mit der Maus auf eines der Symbole zeigen. Unterhalb der Menüzeile sollten normalerweise die zwei wichtigsten Symbolleisten sichtbar sein:

Quickinfo beim Zeigen auf Symbole.

- **Die Standard-Symbolleiste**

  In der Standard-Symbolleiste befinden sich Schaltflächen für die grundlegenden Operationen von Word wie das Öffnen, Drucken, oder Speichern von Dateien.

- **Die Format-Symbolleiste**

  Die Formatsymbolleiste stellt wichtige Befehle für die Formatierung von Text zur Verfügung.

Symbolleisten ein- und ausblenden

Sollte eine der oben genannten Symbolleisten nicht sichtbar sein, so klicken Sie mit der linken Maustaste auf den Menübefehl ANSICHT-SYMBOLLEISTEN. Im Untermenü werden alle verfügbaren Symbolleisten angezeigt, mit einem Mausklick blenden Sie die benötigte Symbolleiste ein, bereits eingeblendete Leisten sind mit einem Haken gekennzeichnet.

Symbolleisten ein- und ausblenden

> **Achtung: Klicken Sie mit der Maus auf eine bereits sichtbare Symbolleiste, so wird diese ausgeblendet!**

Eine weitere Möglichkeit, Symbolleisten einzublenden finden Sie mit dem Befehl ANPASSEN... dieses Untermenüs bzw. im Menübefehl EXTRAS–ANPASSEN, Register Symbolleisten oder mit einem Doppelklick in den freien Bereich **neben** einer der Symbolleisten.

Symbolleisten anordnen

Sollten die Standard- und die Formatsymbolleiste in einer einzigen Zeile nebeneinander stehen, so sind zunächst immer nur die häufig verwendeten Symbole sichtbar, erst nach einem Mausklick auf den Doppelpfeil am rechten Bildschirmrand erscheinen die übrigen Symbole.

Um alle Symbole der beiden Symbolleisten dauerhaft einzublenden, müssen Sie die Leisten in zwei Reihen untereinander anordnen. Klicken Sie dazu mit der Maus auf den Doppelpfeil am rechten Bildschirmrand und wählen Sie den Befehl SCHALTFLÄCHEN IN ZWEI REIHEN ANZEIGEN.

Schaltflächen in zwei Reihen anzeigen.

Kontextmenü

Neben den Menüs in der Menüleiste, können Sie auch das **Kontextmenü** verwenden. Das Kontextmenü erscheint, wenn Sie mit der rechten Maustaste in das Dokument klicken.

ShortCuts

Viele Befehle können auch über die Tastatur, bzw. Tastenkombinationen eingegeben werden. Einige kennen Sie möglicherweise bereits aus Windows.

Profi Tipp:

Eine vollständige Übersicht über alle verfügbaren Tastenkombinationen erhalten Sie über die Word-Hilfe die Sie über das Menü ? oder die Taste F1 aufrufen können. Geben Sie im Register Antwort-Assistent oder, falls sichtbar auch beim Office-Assistenten den Suchbegriff "Tastenkombination" ein und klicken Sie auf die Schaltfläche SUCHEN. Anschließend wählen Sie aus, wozu Sie Tastenkombinationen benötigen und drucken die Liste bei Bedarf aus.

Liste aller ShortCuts drucken

Wichtige Tastenkombinationen:

Taste	Beschreibung
F1	Hilfe
STRG + S	Speichern
STRG + N	Neues, leeres Dokument
STRG + A	markiert das gesamte Dokument
STRG + X	schneidet markierten Text aus
STRG + C	kopiert markierten Text
STRG + V	fügt ausgeschnittenen oder kopierten Text ein

Aufgabenbereich

Einige Befehle öffnen kein Dialogfenster wie in älteren Word Versionen, sondern verwenden den Aufgabenbereich am rechten Bildschirmrand. Klicken Sie beispielsweise auf den Menübefehl DATEI-NEU..., so können Sie anschließend im Aufgabenbereich zwischen verschiedenen Möglichkeiten wählen, ein Dokument zu erstellen.

Aufgabenbereich rechts neben dem Dokument

Wird der Aufgabenbereich nicht benötigt, so klicken Sie auf das Symbol SCHLIESSEN.

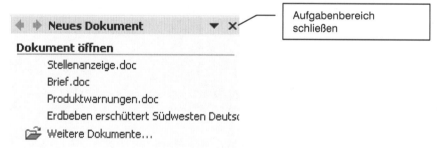

Aufgabenbereich schließen

Sie können den Aufgabenbereich auch über den Menübefehl ANSICHT - AUFGABENBEREICH ein- und ausblenden.

Lineal

Unterhalb der Symbolleisten finden Sie das Lineal. Sollte es nicht sichtbar sein, so blenden Sie es ein mit dem Menübefehl ANSICHT-LINEAL.

Lineal einblenden

Statusleiste

Die Statusleiste befindet sich am unteren Rand des Word-Fensters und enthält wichtige Informationen, beispielsweise wie viele Seiten Ihr Dokument insgesamt umfasst und auf welcher Seite sich der Cursor gerade befindet. Sollte die Statuszeile nicht sichtbar sein, so kann sie mit dem Befehl EXTRAS–OPTIONEN, Register Ansicht eingeblendet werden.

Statusleiste: Zusatz-informationen

Office-Assistent

Möglicherweise sehen Sie am Bildschirm noch eine Büroklammer oder eine andere animierte Figur, die Ihnen Hilfe anbietet. Dies ist der so genannte Office-Assistent, den Sie bei Bedarf auch ausblenden können. Klicken Sie dazu einfach mit der rechten Maustaste auf den Assistenten und wählen Sie aus dem Kontextmenü den Befehl AUSBLENDEN.

Sie können den Assistenten jederzeit wieder einblenden, indem Sie auf das Menü ? (HILFE) klicken und den Befehl zum Anzeigen des Office-Assistenten wählen. Über das Kontextmenü der rechten Maustaste können Sie auch unter verschiedenen Darstellungen des Assistenten wählen.

Office Assistent ausblenden

Bildschirmansichten

Wie ein Dokument während der Bearbeitung am Bildschirm angezeigt wird, hängt von der gewählten Bildschirmansicht ab. Insgesamt unterscheidet Word vier verschiedene Ansichten, die Sie entweder im Menü ANSICHT finden oder in Form von Symbolen unten links über der Statuszeile. Zur Texteingabe und -bearbeitung verwenden Sie eine der beiden Standardansichten Normal und Seitenlayout.

Verschiedene Ansichten

Seitenlayout

Die Ansicht Seitenlayout gibt den Text am Bildschirm exakt so wieder, wie er später gedruckt wird: das bedeutet, dass alle Elemente und Bereiche eines Dokuments, also auch Seitenränder, Seitenzahlen, Kopf- und Fußzeilen, mehrspaltiger Text sowie Grafiken entsprechend dem Ausdruck angezeigt werden, gleichzeitig kann der Text ohne Einschränkungen bearbeitet werden.

Seitenlayout entspricht dem Ausdruck

Ein leeres Dokument in der Ansicht Seitenlayout

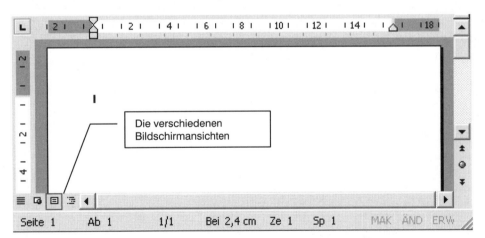

Die oberen und unteren Seitenränder können in dieser Ansicht mit der Maus schnell ausgeblendet werden. Klicken Sie dazu einfach mit der linken Maustaste in den grauen Hintergrundbereich oberhalb einer Seite. Zum Einblenden der Seitenränder klicken Sie erneut in den Hintergrundbereich.

Leerräume zwischen den Seiten ein- und ausblenden

Seitenränder in der Ansicht Seitenlayout ausblenden:

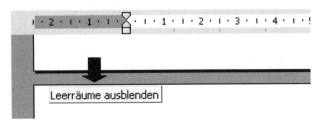

Normal

Die Ansicht Normal unterscheidet sich von der Ansicht Seitenlayout dadurch, dass keine Seitenränder und damit auch keine Texte oder Seitenzahlen in diesem Bereich angezeigt werden. Mehrspaltiger Text wird von dieser Ansicht nicht unterstützt und auch Grafik kann in dieser Ansicht nur bedingt eingefügt und positioniert werden.

Ansicht Normal: keine Seitenränder

Weblayout

In der Ansicht Weblayout erfolgt der automatische Zeilenumbruch nicht am Ende einer Druckzeile, sondern orientiert sich an der Breite des gesamten Fensters, stimmt also nicht mit dem Ausdruck überein. Diese Ansicht sollte ausschließlich zur Erstellung von Webseiten mit Word verwendet werden.

Weblayout zur Webseiten-Erstellung

Gliederung

Die Ansicht Gliederung dient zur Bearbeitung umfangreicher Texte, beispielsweise wissenschaftlicher Arbeiten. Diese Ansicht ermöglicht es, einzelne Überschriftebenen ein- oder auszublenden und damit gezielt zu bearbeiten. Formatierungen werden in dieser Ansicht nur eingeschränkt angezeigt.

Gliederung zum Bearbeiten von Überschriften

Dokumentstruktur

Zusätzlich zu jeder Ansicht kann links neben dem Text ein Inhaltsverzeichnis, die Dokumentstruktur eingeblendet werden, mit dessen Hilfe Sie mit einem Mausklick schnell zu den Überschriften in längeren Texten wechseln können. Die Dokumentstruktur können Sie über das Menü ANSICHT oder das Symbol in der Symbolleiste aktivieren und auch wieder ausblenden.

Dokumentstruktur

Zoom

Unabhängig von der gewählten Ansicht kann über das Menü ANSICHT oder den Auswahlpfeil in der Symbolleiste auch die Größe der Bildschirmdarstellung (Zoom) verändert werden.

Mit der Auswahl **Seitenbreite** wird der Zoomfaktor automatisch so gewählt, dass eine Druckseite die Breite des Bildschirms vollständig ausfüllt.

Zoomen, also Vergrößern oder Verkleinern der Darstellung auf dem Bildschirm hat keinen Einfluss auf die Schriftgröße des Ausdrucks!

Eine weitere Möglichkeit der Anzeige bietet der Befehl ANSICHT-GANZER BILDSCHIRM. In dieser Ansicht erscheint ausschließlich das Dokument auf dem Bildschirm, Menüs und Symbolleisten sind ausgeblendet. Mit dem Symbol GANZER BILDSCHIRM SCHLIESSEN oder durch Drücken der ESC Taste auf der Tastatur kehren Sie zurück zum vorherigen Arbeitsbildschirm.

Ganzer Bildschirm

Dokumente öffnen, speichern und schließen

Neues Dokument

Mit dem Start von Word wird standardmäßig ein neues, leeres Dokument geöffnet, vergleichbar einem neuen Blatt in der Schreibmaschine. Als "Dokumente" bezeichnet Word alle vom Benutzer erstellten Dateien, unabhängig von ihrem Inhalt.

Neues leeres Dokument

Weitere neue, leere Dokumente erstellen Sie mit einem Mausklick auf das Symbol "Neues leeres Dokument" in der Symbolleiste oder mit der Tastenkombination STRG + N. Sie können in Word auch mehrere, gleichzeitig geöffnete Dokumente bearbeiten, in diesem Fall wechseln Sie über die Taskleiste oder das Menü FENSTER zwischen den einzelnen Dokumenten.

Der Aufgabenbereich Neues Dokument

Wählen Sie den Menübefehl DATEI-NEU, so erscheint zunächst der

Dokumentvorlagen

Aufgabenbereich NEUES DOKUMENT. Sie können hier schnell die vier zuletzt bearbeiteten Dokumente öffnen oder haben die Möglichkeit, eine so genannte Dokumentvorlage auszuwählen. Word benötigt für jedes neue Dokument eine Dokumentvorlage mit den wichtigsten Voreinstellungen. Dokumentvorlagen können aber auch bereits Texte als Vordrucke, beispielsweise für Briefe oder Faxe enthalten.

als Vordrucke

Mit dem Befehl NEUES LEERES DOKUMENT verwenden Sie eine Dokumentvorlage, die keinerlei Text enthält. Eine Reihe vorgefertigter Dokumentvorlagen und Vordrucke für unterschiedliche Einsatzbereiche finden Sie im Aufgabenbereich im Abschnitt MIT VORLAGE BEGINNEN unter dem Befehl ALLGEMEINE VORLAGEN...

Dokument öffnen

Die zuletzt bearbeiteten Dokumente lassen sich schnell im Aufgabenbereich oder am Ende des Menüs DATEI öffnen. Standardmäßig zeigt Word hier die letzten vier Dateien an, über den Menübefehl EXTRAS-OPTIONEN, Register Allgemein können Sie diese Einstellung ändern.

Beachten Sie: Die Dateinamen finden Sie hier auch dann, wenn die Dokumente in der Zwischenzeit umbenannt, verschoben oder gelöscht wurden. In diesem Fall erhalten Sie beim Versuch sie zu öffnen, eine Fehlermeldung.

Weitere Dateien öffnen Sie im Aufgabenbereich mit einem Mausklick auf WEITERE DOKUMENTE oder das Menü DATEI-ÖFFNEN... bzw. auf das Symbol.

Datei öffnen

Dokument speichern

Alle geöffneten Dokumente befinden sich im Arbeitsspeicher, bei einem Programmabsturz oder Stromausfall können nicht gespeicherte Dokumente oder Änderungen an Dokumenten verloren gehen. Denken Sie also daran, auch während der Bearbeitung Ihre Dokumente regelmäßig auf Festplatte oder einen anderen Datenträger zu speichern. Dazu finden Sie im Menü DATEI zwei Befehle:

Speichern

* SPEICHERN, bzw. das Symbol Speichern (oder STRG + S)
* SPEICHERN UNTER...

Mit dem Befehl SPEICHERN UNTER... öffnen Sie ein Dialogfenster in dem Sie einen Ordner als Speicherort auswählen und angeben, unter welchem Namen die Datei gespeichert werden soll. Beim Speichern wird standardmäßig der Textanfang Ihres Dokuments als Dateiname vorgeschlagen. Zum Ändern überschreiben Sie einfach den bereits markierten Dateinamen.

Word schlägt automatisch Dateinamen vor

Sie können den Befehl SPEICHERN UNTER... auch verwenden, wenn Sie ein bereits gespeichertes Dokument unter einem anderen Namen oder an einem anderen Speicherort erneut speichern wollen.

Ein gespeichertes Dokument unter anderem Namen speichern.

Der Befehl SPEICHERN öffnet kein weiteres Dialogfenster. Ein bereits gespeichertes Dokument wird unter dem bestehenden Dateinamen zusammen mit allen Änderungen erneut gespeichert, die bestehende Version wird dabei überschrieben.

Ausnahme: Wurde ein Dokument noch nicht gespeichert, so erscheint auch hier zunächst das Dialogfenster Speichern unter...

Dateityp

Zum Speichern von Dokumenten verwendet Word standardmäßig den Dateityp Word-Dokument und fügt die Dateinamenserweiterung .doc an den Dateinamen

Dateinamenser-weiterung .doc

an. Dies bedeutet, die Datei kann, bis auf wenige Ausnahmen nur mit Microsoft Word (neuere Versionen) geöffnet werden.

Für den Datenaustausch kann es erforderlich sein, ein Dokument in einem Dateityp zu speichern, der auch von älteren Word Versionen, beispielsweise Word 95 oder 97 oder von anderen Textverarbeitungsprogrammen geöffnet werden kann. Sie können daher ein Dokument unter anderem auch als reine Textdatei im Nur Text Format (.txt) oder im gebräuchlichen Rich Text Format (.rtf) speichern. Dabei gehen allerdings Formatierungen und Funktionen verloren.

Im Dialogfenster Speichern unter... können Sie unterhalb des Dateinamens den gewünschten Dateityp auswählen.

Dateityp wählen:

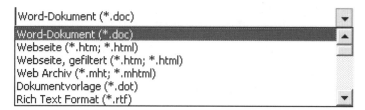

Profi Tipp:

Beim Speichern schlägt Word in den meisten Fällen den Ordner Eigene Dateien als Speicherort vor. Sie können jedoch auch einen anderen Standardordner vorgeben. Wählen Sie dazu über das Menü EXTRAS den Befehl OPTIONEN... und klicken Sie auf das Register Speicherort.

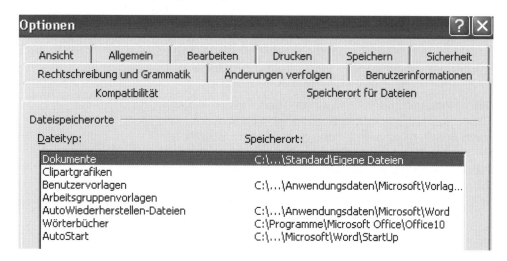

Ordner als Standard Speicherort festlegen

Markieren Sie nun den Dateityp Dokumente und klicken auf die Schaltfläche ÄNDERN. Jetzt können Sie den gewünschten Ordner auswählen. Bestätigen Sie zuletzt noch Ihre Änderung mit der Schaltfläche OK.

Dokument schließen

Microsoft Word beenden Sie entweder über den Menübefehl DATEI-BEENDEN oder indem Sie das Word-Fenster mit einem Mausklick schließen, damit wird gleichzeitig auch das aktuelle Dokument geschlossen.

Sie können aber auch das aktuelle Dokument schließen **ohne Word zu beenden**; entweder mit dem Menübefehl DATEI–SCHLIESSEN oder einem Mausklick auf das Symbol SCHLIESSEN unterhalb des Symbols mit dem Sie das Word-Fenster schließen.

Dokument schließen OHNE Word zu beenden

In beiden Fällen gilt:

Wurde ein Dokument noch nicht gespeichert oder wurde der Text seit der letzten Speicherung verändert, so erfolgt automatisch eine Rückfrage, ob Sie Änderungen am aktuellen Dokument speichern wollen. Klicken Sie auf die Schaltfläche JA, so erfolgt eine letzte Speicherung.

Dokument speichern!

Schließen Sie ein Dokument ohne vorheriges Speichern, so kann dieses Dokument, bzw. können nicht gespeicherte Änderungen nicht wiederhergestellt werden!

AutoWiederherstellen

Damit bei einem Programmabsturz nicht alle Eingaben und Änderungen verloren gehen, kann die Option **AutoWiederherstellen** genutzt werden. Wählen Sie dazu im Menü EXTRAS den Befehl OPTIONEN..., Register Speichern. Ist das entsprechende Kontrollkästchen aktiviert, so erfolgt im Hintergrund in regelmäßigen Zeitintervallen eine automatische Speicherung in einer temporären Datei. Diese Dateien werden beim Beenden von Word automatisch wieder gelöscht, bleiben aber bei einem Absturz erhalten und können anschließend zur Wiederherstellung verwendet werden.

Wiederherstellung von Änderungen nach einem Programmabsturz.

Starten Sie Word nach einem Absturz neu, so erscheint links neben dem Dokument eine Liste der wiederhergestellten Dateien oder Dateiversionen. Wählen Sie die Version aus, die Sie beibehalten wollen und vergessen Sie nicht, das Dokument erneut zu speichern.

Zusammenfassung

- Word-Befehle können Sie über das Menü, verschiedene Symbolleisten, Kontextmenüs oder Tastenkombinationen (ShortCuts) ausführen. Symbole und Symbolleisten stellen häufig benötigte Befehle zur Verfügung und werden über das Menü ANSICHT ein- und ausgeblendet.

- Das Menü ANSICHT wechselt auch zwischen den verschiedenen Bildschirmansichten zur Bearbeitung. Die Ansichten Seitenlayout und Normal entsprechen dem Ausdruck und unterscheiden sich im wesentlichen nur in der Anzeige der Seitenränder. Die Ansicht Weblayout dient ausschließlich zur Webseitenerstellung, da Schrift und Zeilenumbruch an das Fenster des Webbrowsers angepasst werden. Die Ansicht Gliederung verwenden Sie, um die Gliederung umfangreicher Texte zu bearbeiten.

- Bei der Erstellung neuer Dokumente können Sie wählen zwischen einem neuen leeren Dokument oder einer Dokumentvorlage, vergleichbar einem Vordruck.

- Word Dokumente erhalten standardmäßig beim Speichern die Dateinamenserweiterung .doc, zum Datenaustausch können Dokumente auch in verschiedenen anderen Dateiformaten gespeichert werden.

- AutoWiederherstellen ermöglicht auch nach einem Programmabsturz das Wiederherstellen von Dokumenten bzw. Änderungen.

Übung

Starten Sie Microsoft Word mit einem neuen, leeren Dokument und speichern Sie das Dokument unter dem Namen **Erste Übung.doc** auf Ihrer Festplatte in einem beliebigen Ordner, beispielsweise Eigene Dateien.

Symbolleisten und Lineal

Kontrollieren Sie, ob die beiden Symbolleisten Standard und Format in zwei Reihen sichtbar sind, bzw. blenden Sie diese beiden Symbolleisten ein.

Überprüfen Sie, ob das Lineal ebenfalls sichtbar ist und blenden Sie es ggf. ein.

Schließen Sie den Aufgabenbereich falls dieser beim Starten von Word automatisch eingeblendet wurde.

Geben Sie nun über die Tastatur Ihren Vor- und Nachnamen ein.

Ansichten

Wechseln Sie nacheinander in die Ansichten Seitenlayout, Normal, Weblayout und Gliederung und wählen Sie zuletzt wieder die Ansicht Seitenlayout. Behalten Sie diese Ansicht bei.

Lassen Sie sich nun die Ansicht GANZER BILDSCHIRM anzeigen und schließen Sie diese Ansicht wieder.

Blenden Sie zusätzlich die Dokumentstruktur ein und anschließend wieder aus.

Zoom

Stellen Sie den Zoom des Bildschirms auf Textbreite.

Ändern Sie anschließend den Zoom auf 100%.

Stellen Sie nun den Zoom so ein, dass eine Druckseite in ihrer gesamten Breite einschließlich der Seitenränder angezeigt wird und behalten Sie diese Einstellung bei.

Lösungshinweise - So gehen Sie vor

Klicken Sie auf das Menü DATEI und wählen Sie den Befehl SPEICHERN. Im nachfolgenden Dialogfenster wählen Sie einen Ordner aus und geben als Dateiname **Erste Übung** ein. Kontrollieren Sie darunter, ob als Dateityp Word-Dokument eingestellt ist, damit wird an den Dateinamen beim Speichern automatisch die Dateinamenserweiterung .doc angefügt. Anschließend klicken Sie auf die Schaltfläche Speichern.

Symbolleisten einblenden und anordnen

Im Menü ANSICHT sehen Sie im Untermenü Symbolleisten an den kleinen Haken, welche der Symbolleisten eingeblendet sind. Sollte nur eine einzige Zeile mit Symbolen sichtbar sein, so teilen sich die beiden Symbolleisten Standard und Format eine Zeile, d.h. nur ein Teil der Symbole wird ständig angezeigt. Um beide Leisten in zwei Reihen anzuordnen klicken Sie rechts am Bildschirmrand neben der Symbolleiste auf das schwarze Dreieck und wählen Sie aus dem Menü den Befehl "Schaltflächen in zwei Reihen anzeigen".

Lineal anzeigen

Wenn das Lineal am Bildschirm nicht sichtbar ist, so klicken Sie auf das Menü ANSICHT und auf den Befehl LINEAL. Das Lineal erscheint oberhalb des Dokuments und eventuell zusätzlich am linken Seitenrand.

Ansichten und Zoom

- Im Menü ANSICHT finden Sie die verschiedenen Word-Ansichten Normal, Seitenlayout, Weblayout und Gliederung, das Symbol der aktuell gewählten Ansicht ist gekennzeichnet. Alternativ können Sie die Ansichten auch über die Symbole unten links über die Statuszeile auswählen.

- Ebenfalls über das Menü ANSICHT können Sie die Ansicht GANZER BILDSCHIRM wählen. Zum Schließen dieser Ansicht klicken Sie entweder auf den Befehl in der gleichzeitig erscheinenden Symbolleiste oder drücken auf der Tastatur die ESC-Taste.

- Die Dokumentstruktur, also die Überschriften in längeren Texten blenden Sie entweder über das Symbol oder den Menübefehl ANSICHT-DOKUMENTSTRUKTUR ein, bzw. auch wieder aus.

- Entweder über den Menübefehl ANSICHT-ZOOM... oder das Symbol in der Symbolleiste können Sie auch den Zoom, also die Größe der Bildschirmdarstellung steuern.

Texteingabe, Navigation und Textkorrektur

In dieser Lektion lernen Sie...

- Text eingeben und im Text navigieren
- Automatischer Zeilenumbruch
- Text markieren und korrigieren
- Rechtschreibprüfung
- Mit Klicken und Eingeben Leerräume überbrücken

Was Sie für diese Lektion wissen sollten:

- Der Word-Arbeitsbildschirm

ca. 45 Min.

Text eingeben

Steuerzeichen

Nach dem Starten von Word wird automatisch ein neues, leeres Dokument geöffnet. In diesem Dokument sehen Sie oben links die Einfüge- oder Schreibmarke von Word, den **Cursor**. Rechts vom Cursor sehen Sie möglicherweise noch dieses Zeichen: ¶ die Absatzendmarke von Word.

Word kann am Bildschirm auch Zeichen darstellen, die später im Ausdruck nicht erscheinen: die so genannten Steuer- oder Formatierungszeichen. Klicken Sie zum Ein- oder Ausblenden dieser Zeichen einfach auf das entsprechende Symbol in der Symbolleiste.

¶
Steuerzeichen ein- und ausblenden.

Sind die Steuerzeichen sichtbar, so sehen Sie während der Texteingabe noch weitere Zeichen:

Diese Zeichen werden nicht gedruckt!

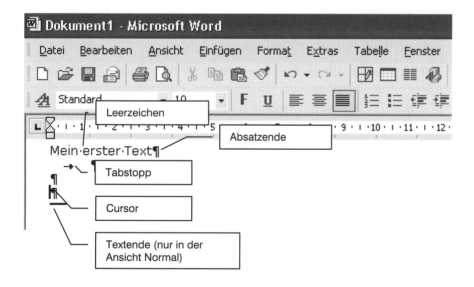

Hinweis: Das Textende in Form eines Unterstrichs ist nur in der Ansicht Normal sichtbar.

Textende nur in der Ansicht Normal

Beginnen Sie mit der Texteingabe indem Sie einen kurzen Satz schreiben. Nach dem Drücken der RETURN- oder EINGABE-Taste erscheint am Ende des Satzes dieses Zeichen: ¶ Es bedeutet, Sie haben einen Absatz beendet.

¶
Absatzende in Word

> **Zumindest bei den ersten Schritten sollten Sie mit sichtbaren Steuerzeichen arbeiten!**

Absätze und automatischer Zeilenumbruch

Textverarbeitungsprogramme wie Microsoft Word fügen während der Eingabe am Ende jeder Zeile einen automatischen Zeilenumbruch ein. Passt ein Wort nicht mehr in eine Zeile, so wandert das Wort automatisch an den Beginn der nächsten Zeile, eine Silbentrennung erfolgt dabei nicht. Die RETURN- oder EINGABE-Taste auf der Tastatur benötigen Sie bei einer Textverarbeitung nur dann, wenn Sie einen Absatz beenden oder Leerzeilen einfügen wollen.

¶
RETURN Taste
beendet einen Absatz

Unter einem **Absatz** versteht man in der Textverarbeitung einen zusammenhängenden Text, auch über mehrere Zeilen, der durch ein Absatz-ende vom nächsten Absatz getrennt wird.

Was ist ein Absatz?

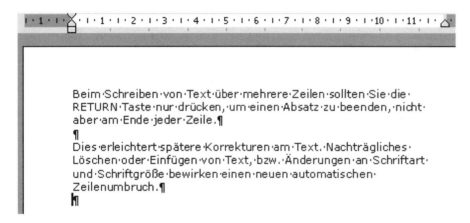

Automatischer
Zeilenumbruch -
Fliesstext

Wenn Sie später nachträglich Änderungen am Dokument vornehmen, also Text einfügen oder löschen, eine größere oder kleinere Schrift wählen, so passt sich der automatische Zeilenumbruch erneut an.

> **Verwenden Sie die RETURN-Taste nur, um einen Absatz zu beenden, nicht aber innerhalb eines zusammenhängenden Fließtextes am Ende jeder Zeile.**

Die "weiche" Zeilenschaltung

Mit Drücken der RETURN-Taste erzeugen Sie einen Zeilenumbruch und gleichzeitig ein Absatzende. In manchen Fällen kann es sinnvoll sein, eine neue Zeile zu beginnen **ohne** den Absatz zu beenden. Dies wird in Word auch als "weiche" Zeilenschaltung (weiches RETURN) bezeichnet. Eine "weiche" Zeilenschaltung fügen Sie ein mit der Tastenkombination:

Neue Zeile, ohne
einen Absatz zu
beenden

Umschalt + RETURN

Bei eingeblendeten Steuerzeichen sehen Sie an dieser Stelle ein weiteres Steuerzeichen. Sie haben damit innerhalb eines Absatzes eine Zeilenschaltung erzwungen, der Absatz selbst endet erst mit der nächsten Absatzendmarke.

↵
Weiches RETURN

Im Text bewegen

Die Eingabe und auch das Löschen von Text erfolgt immer an der Cursorposition, bei nachträglichen Korrekturen am Text müssen Sie daher zuerst den Cursor an der entsprechenden Stelle positionieren. Sie können dazu entweder mit der linken Maustaste an die gewünschte Stelle klicken oder die Pfeiltasten (Cursortasten) auf der Tastatur verwenden.

Die Texteingabe
erfolgt immer an der
Cursorposition!

Möchten Sie den Cursor mit der Maus bewegen, so sollten Sie den Cursor nicht mit dem Mauszeiger verwechseln: die Position des Cursors ist unabhängig von der Position des Mauszeigers. Es genügt daher nicht, wenn Sie mit der Maus auf eine Textstelle zeigen, Sie müssen mit der Maus klicken!

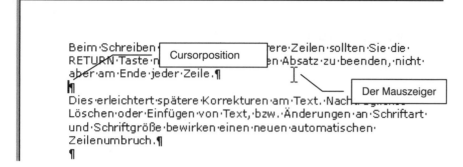

Wichtige Tasten, bzw. Tastenkombinationen:

Pfeiltaste rechts/links	bewegt den Cursor um ein Zeichen nach rechts oder links
Pfeiltaste oben/unten	bewegt den Cursor um eine Zeile nach oben oder unten
Pos 1	setzt den Cursor an den Anfang der aktuellen Zeile.
Ende	setzt den Cursor an das Ende der aktuellen Zeile
STRG + Pos 1	setzt den Cursor an den Textanfang
STRG + Ende	setzt den Cursor an das Textende

Blättern in längeren Texten.

In längeren Dokumenten ist am Bildschirm nur ein Ausschnitt des gesamten Textes sichtbar, Sie müssen also entweder mit den Bildlaufleisten am rechten Bildschirmrand, mit dem Rädchen der Maus oder den Tasten BILD AUF bzw. BILD AB auf der Tastatur durch den Text blättern (scrollen). Die Cursorposition wird dadurch nicht verändert.

Zusätzliche Schaltflächen zum Blättern finden Sie am unteren Ende der Bildlaufleiste. Die schwarzen Doppelpfeile bedeuten, Sie können seitenweise (Druckseiten) blättern.

Text nachträglich korrigieren

Im Gegensatz zu einer Schreibmaschine sind mit einem Textverarbeitungsprogramm jederzeit nachträgliche Änderungen am Text möglich. Sie können einzelne Buchstaben, Wörter oder ganze Absätze löschen, hinzufügen oder verschieben.

Text löschen

Möglicherweise haben Sie bereits während der Eingabe die Rückschritt- oder Korrekturtaste (Backspace) zur Korrektur von Tippfehlern verwendet. Diese Taste löscht ein oder mehrere Zeichen **links** von der Cursorposition.

Zeichen oder markierten Text löschen

Sie können für nachträgliche Korrekturen auch noch eine weitere Taste auf der Tastatur verwenden, die ENTF-Taste (Entfernen). Diese Taste löscht ein oder mehrere Zeichen **rechts** von der Cursorposition. Wurde vorher Text markiert, so löschen Sie damit den gesamten markierten Text.

Korrektur-Taste	löscht Zeichen links vom Cursor oder markierten Text
ENTF-Taste	löscht Zeichen rechts vom Cursor oder markierten Text

Auch Steuerzeichen
können gelöscht
werden

Beachten Sie: Auch Absatzendezeichen, Leerzeichen und alle anderen, nicht druckbaren Steuerzeichen können gelöscht werden.

Text einfügen
An der Cursorposition kann jederzeit beliebig Text eingefügt werden. Standardmäßig arbeiten Sie in Word im **Einfügemodus**, das bedeutet neue Zeichen werden links vom Cursor in den Text eingefügt, bestehender Text bleibt erhalten und wird nach rechts verschoben. Der automatische Zeilenumbruch ändert sich durch nachträgliches Einfügen von Text ebenfalls.

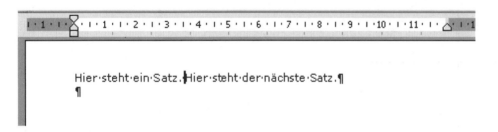

Text im
Einfügemodus
nachträglich einfügen

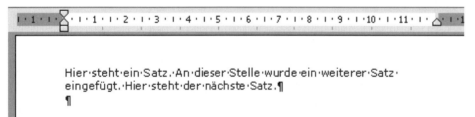

Überschreibmodus
Sollte bei der nachträglichen Eingabe von Text bereits vorhandener Text rechts vom Cursor überschrieben werden, so arbeiten Sie im **Überschreibmodus**. Den Überschreibmodus erkennen Sie am Kürzel **ÜB** in schwarzer Schrift unten in der Statusleiste.
Zwischen Einfüge- und Überschreibmodus wechseln Sie entweder mit Doppelklick auf das Feld ÜB in der Statusleiste oder mit der EINFG-Taste (Einfügen) auf der Tastatur.

ÜB
Überschreibmodus -
vorhandener Text
wird überschrieben

Die Statuszeile mit aktiviertem Überschreibmodus:

Achten Sie darauf, im Einfügemodus zu arbeiten. Bei einem versehentlichen Wechsel in den Überschreibmodus aktivieren Sie einfach wieder den Einfügemodus und machen die letzten Schritte rückgängig.

Rückgängig und Wiederherstellen
Die meisten Bearbeitungsschritte wie beispielsweise versehentliches Löschen oder Überschreiben können Sie in Word wieder rückgängig machen. Dafür finden Sie folgende Möglichkeiten:

Rückgängig

* Menü BEARBEITEN-RÜCKGÄNGIG (bzw. Tastenkombination STRG+Z)

* das Symbol Rückgängig in der Symbolleiste

Klicken Sie mehrmals auf das Symbol oder den Menübefehl, so können auch mehrere Aktionen nacheinander rückgängig gemacht werden. Haben Sie zu viele Arbeitsschritte rückgängig gemacht, wollen also die rückgängig gemachten Änderungen unmittelbar danach wiederherstellen, so finden Sie in der Symbolleiste daneben das Symbol Wiederherstellen. Dieses Symbol steht allerdings nur zur Verfügung, wenn zuvor eine Bearbeitung rückgängig gemacht wurde.

Wiederherstellen

Ausnahmen: Die Befehle Drucken und Speichern können nicht wieder rückgängig gemacht werden.

Text markieren

Markieren von Text spielt eine wichtige Rolle in der Textverarbeitung. Wenn Sie längere Texte schnell löschen oder bearbeiten wollen, müssen Sie den Text vorher markieren. Auch zum Formatieren oder Kopieren muss zuvor Text markiert werden.

<u>Text markieren mit der Maus</u>
Am einfachsten markieren Sie Text wieder mit der Maus. Bewegen Sie den Mauszeiger vor das erste Zeichen, an dem die Markierung beginnen soll und ziehen Sie nun mit gedrückter linker Maustaste über den Text. Der markierte Text wird invers dargestellt, d.h. der Hintergrund erscheint nun schwarz, die Schrift weiß. Um eine Markierung wieder aufzuheben, genügt es, wenn Sie mit der Maus an eine beliebige Stelle im Text klicken. Wollen Sie mehr als ein Wort markieren, so können Sie die Markierung auch innerhalb eines Wortes beginnen und beenden, da Word automatisch nur ganze Wörter markiert.

Text mit gedrückter
Maustaste markieren.

Word markiert ganze
Wörter.

Weitere Möglichkeiten der Markierung mit der Maus bietet der **Markierungs-bereich** links vom Zeilenanfang. In diesem Bereich wird der Mauszeiger als Pfeil dargestellt.

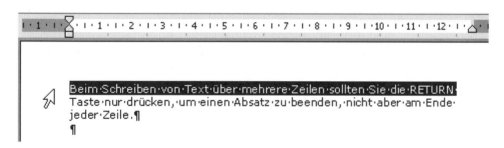

Markierungs-Bereich

Die verschiedenen Möglichkeiten der Markierung mit der Maus:

Markierung	Methode
Ein einzelnes Wort	Doppelklick auf das Wort
Ein Satz	Ein Klick in den Satz, dabei die STRG-Taste gedrückt halten.
Eine ganze Zeile	Ein Mausklick in Höhe der jeweiligen Zeile in den Markierungsbereich
Mehrere Textzeilen	Ziehen mit dem Mauszeiger im Markierungsbereich
Ein ganzer Absatz	Doppelklick neben einen Absatz im Markierungsbereich
Das gesamte Dokument	Dreifacher Mausklick im Markierungsbereich oder die Tasten-Kombination STRG + A

Mehrfachmarkierung

Mit gleichzeitig gedrückter STRG-Taste können Sie mit der Maus auch mehrere **nicht zusammenhängende** Textbereiche markieren (nur möglich ab der Word Version XP).

Nicht zusammen-
hängende Textbe-
reiche markieren

Beispiel: Mehrfachmarkierung:

Text markieren mit der Maus

Bewegen Sie den Mauszeiger vor das erste Zeichen, an dem die Markierung beginnen soll. Ziehen Sie nun mit gedrückter linker Maustaste über den Text Soll sich die Markierung auch auf Textteile erstrecken, die nicht im sichtbaren Bildschirmbereich stehen, bewegen Sie den Mauszeiger einfach über den unteren Fensterrand hinaus.

Text markieren mit der Tastatur

Über die Tastatur markieren Sie Text mit gleichzeitig gedrückter Umschalt- (Shift-Taste) in Verbindung mit den Pfeiltasten.

Tasten zum
Markieren von Text.

Umschalt+ Pfeiltasten	Zeichen- bzw. zeilenweise
Umschalt+Pos1	Ab Cursor bis zum Zeilenanfang
Umschalt+Ende	Ab Cursor bis zum Zeilenende
STRG+A	Das gesamte Dokument
STRG+Umschalt+Ende	Ab Cursor bis zum Dokumentende
STRG+Umschalt+Pos1	Ab Cursor bis zum Dokumentanfang

Der Erweiterungsmodus

Sie können auch mit der Funktionstaste F8 den so genannten Erweiterungs-modus aktivieren, in der Statusleiste erscheint dann das Kürzel ERW. Im Erweiterungsmodus können Sie nun die Pfeiltasten der Tastatur wie oben beschrieben zum Markieren verwenden (ohne Umschalttaste). Den Erweiterungsmodus beenden Sie mit der ESC Taste oder einen Doppelklick auf das Kürzel ERW in der Statusleiste.

Erweiterungsmodus
zum Markieren. F8

Weitere Möglichkeiten im Erweiterungsmodus:

2mal F8	markiert das aktuelle Wort
3mal F8	markiert den aktuellen Satz
4mal F8	markiert den aktuellen Absatz
5mal F8	markiert das gesamte Dokument

Markierten Text überschreiben

Möchten Sie ein Wort oder längeren Text durch anderen Text ersetzen, so ist es in Word nicht erforderlich, dass Sie den Text zuvor löschen, auch der Überschreibmodus ist dazu nicht erforderlich. Standardmäßig wird in Word markierter Text durch eine Tastatureingabe einfach überschrieben.

Tastatureingabe
ersetzt markierten
Text.

Beispiel: Sie möchten im Text das Wort "Textverarbeitungsprogramm" durch den Begriff "Microsoft Word" ersetzen. Markieren Sie das Wort Textverarbeitungsprogramm (ein Wort markieren Sie am einfachsten mit einem Doppelklick im Wort) und geben Sie den gewünschten Begriff anschließend sofort über die Tastatur ein.

Rechtschreib- und Grammatikprüfung

Erscheinen während der Texteingabe auf dem Bildschirm Wörter mit einer roten oder grünen Wellenlinie unterstrichen, so ist die automatische Rechtschreibprüfung (rote Wellenlinie) und/oder die Grammatikprüfung (grüne Wellenlinie) aktiviert. Sie sehen dann in der Statuszeile das dazugehörige Symbol, ein Wörterbuch, daneben die verwendete Sprache.

Die automatische Rechtschreibprüfung

Die Überprüfung erfolgt anhand eines Standardwörterbuchs und integrierter Regeln für Rechtschreibung und Grammatik. Ist ein Wort nicht im Wörterbuch enthalten, so wird es automatisch als Rechtschreibfehler gekennzeichnet. Diese Kennzeichnung erscheint ausschließlich auf dem Bildschirm und nicht auf dem Ausdruck. Zum Ausblenden der Linien klicken Sie einfach mit der rechten Maustaste auf das Buchsymbol in der Statusleiste und wählen aus dem Kontextmenü den entsprechenden Befehl.

Korrekturmöglichkeiten

Auch zur Korrektur können Sie auf das Wörterbuch von Word zurückgreifen. Eine Möglichkeit dazu bietet das Kontextmenü, wenn Sie mit der rechten Maustaste auf ein rot gekennzeichnetes Wort klicken. Wählen Sie anschließend unter verschiedenen Korrekturvorschlägen die gewünschte Schreibweise aus.
Da Namen und Adressangaben oder fremdsprachige Wörter nicht im (deutschen) Wörterbuch enthalten sind und daher trotz korrekter Schreibweise meist ebenfalls als Fehler gekennzeichnet werden, sollten Sie in diesen Fällen die Option ALLE IGNORIEREN wählen, um die Kennzeichnung auszublenden.
Sollte Word einen korrekt geschriebenen Begriff nicht kennen, so können Sie mit der Option HINZUFÜGEN ZUM WÖRTERBUCH das Word-Wörterbuch um zusätzliche Begriffe erweitern.

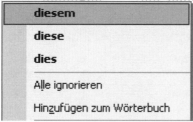

Kontextmenü zur Rechtschreibprüfung

Eine weitere Möglichkeit der Korrektur finden Sie im Menü EXTRAS - RECHTSCHREIBUNG UND GRAMMATIK...

Rechtschreibung und Grammatik

> **Beachten Sie, dass nicht alle Rechtschreib- und Grammatikfehler von Word gefunden werden!**

Sonderzeichen bei der Eingabe

Standardmäßig erfolgt der automatische Zeilenumbruch zwischen zwei Wörtern, also bei einem Leerzeichen oder Bindestrich. Nicht immer ist jedoch bei einem Leerzeichen ein Zeilenumbruch erwünscht.

Beispielsweise können, wie in diesem Beispiel, Zahlen wie 1.000 kg oder 100 000 durch einen Zeilenumbruch innerhalb der Zahl oder zwischen der Zahl und dem Symbol getrennt werden. Verwenden Sie in diesem Fall bei der Eingabe anstelle des einfachen Leerzeichens mit der Tastenkombination STRG+Umschalt+Leertaste ein so genanntes **geschütztes Leerzeichen,** das einen Zeilenumbruch an dieser Stelle verhindert.

Ein geschütztes Leerzeichen verhindert Zeilenumbruch.

Mit einem weiteren Zeichen, dem **geschützten Bindestrich** mit der Tastenkombination STRG+Umschalt+Bindestrich verhindern Sie einen Zeilenumbruch bei einem Bindestrich.

Klicken und Eingeben

In der Ansicht Seitenlayout sind Ihnen möglicherweise während der Eingabe verschiedene Symbole am Mauszeiger aufgefallen. In dieser Ansicht bietet Word eine Möglichkeit, bei der Eingabe größere Zwischenräume, also Leerzeilen schnell durch einen Doppelklick mit der Maus zu überbrücken.

Klicken und Eingeben überbrückt Leerräume automatisch mit Leerzeilen.

Um beispielsweise in der Mitte einer leeren Seite einen Titel einzugeben, platzieren Sie den Mauszeiger an der gewünschten Stelle. Nach einem Doppelklick können Sie an dieser Stelle nun Text eingeben, die erforderlichen Leerzeilen werden automatisch ergänzt. (In früheren Word-Versionen mussten erst entsprechende Leerzeilen eingegeben werden.)

Durch das Symbol am Mauszeiger erkennen Sie, wie die Ausrichtung des Absatzes erfolgt:

Der Mauszeiger gibt an, wie der eingefügte Text ausgerichtet wird.

I	Normaler Mauszeiger
I ≡	Die Absatz-Ausrichtung erfolgt linksbündig, entweder am linken Seitenrand oder etwas eingerückt (Einzug).
I ≡	Etwa in der Mitte des Dokuments hat der Mauszeiger dieses Aussehen. Die Absatz-Ausrichtung ist zentriert.
≡ I	Am rechten Seitenrand erfolgt automatisch eine rechtsbündige Absatz-Ausrichtung.

Beachten Sie aber dass diese Funktion Klicken und Eingeben nicht immer zur Verfügung steht, sonder nur:

- in der Ansicht Seitenlayout
- unterhalb oder rechts vom Textende

Zusammenfassung

- Bei der Texteingabe berücksichtigt Word die Breite einer Druckseite; wenn ein Wort nicht mehr in eine Zeile passt, wandert es automatisch in eine neue Zeile. Dieser automatische Zeilenumbruch hat den Vorteil, dass Sie auch nachträglich Text einfügen und löschen können, der Zeilenumbruch passt sich erneut an. Drücken Sie also die RETURN-Taste nur, wenn Sie einen Absatz beenden wollen.

- Word kann verschiedene Steuerzeichen wie Absatzende, Leerzeichen und Textende am Bildschirm darstellen. Diese Zeichen werden nicht gedruckt und können bei Bedarf ein- und ausgeblendet werden.

- Zum Löschen von Text verwenden Sie entweder die ENTF-Taste (löscht Zeichen rechts vom Cursor oder markierten Text) oder die Korrektur-Taste (löscht Zeichen links vom Cursor). Versehentliches Löschen kann wieder rückgängig gemacht werden.

- Während der Eingabe und der Bearbeitung arbeitet Word standardmäßig im Einfügemodus, das bedeutet Text wird automatisch in bestehenden Text eingefügt. Im Überschreibmodus wird bestehender Text überschrieben. Den Überschreibmodus erkennen Sie am Kürzel ÜB in der Statusleiste. Markierter Text wird in Word automatisch durch eine Tastatureingabe überschrieben.

- Während oder nach der Eingabe können mit Hilfe der Rechtschreib- und Grammatikprüfung Fehler verbessert werden. Wörter, die nicht im Wörterbuch enthalten sind, können hinzugefügt werden.

- Für nachträgliche Textänderungen müssen Sie den Cursor mit Mausklick oder über die Tastatur (Cursortasten) im Text positionieren. Markieren von Text ist wichtig für die nachfolgende Bearbeitung und Formatierung von Text und erfolgt ebenfalls entweder mit der Maus, der Tastatur oder im Erweiterungsmodus.

- Mit Klicken und Eingeben können Sie bei der Texteingabe Leerräume überbrücken. Platzieren Sie dazu den Mauszeiger an der gewünschten Stelle und fügen Sie mit Doppelklick den Text ein.

Übung

Starten Sie Microsoft Word mit einem neuen, leeren Dokument und speichern Sie das Dokument unter dem Namen **Reiseangebot.doc** auf Ihrer Festplatte in einem beliebigen Ordner.

Achten Sie darauf, dass die beiden Symbolleisten Standard und Format, sowie die Steuerzeichen (z.B. Absatzende) sichtbar sind. Geben Sie nun ab der ersten Zeile den folgenden Text ein. Verwenden Sie bei den Eingabe den automatischen Zeilenumbruch und drücken Sie die RETURN-Taste nur zum Beenden eines Absatzes, bzw. um Leerzeilen einzufügen.

Hinweis: Da Sie möglicherweise eine andere Schriftart und Schriftgröße, sowie andere Seitenränder eingestellt haben, kann auf Ihrem Computer der automatische Zeilenumbruch auch an anderer Stelle erfolgen.

Reisebüro Sonnenschein¶
Schlossallee 100¶
55129 Mainz¶
¶
¶
¶
¶
¶
Herrn¶
Fred Feuerstein¶
Hinkelsteinweg 4¶
¶
12345 Steinhausen¶
¶
¶
¶
¶
Mainz, den 18.02.2005¶
¶
¶
Unser aktuelles Angebot¶
¶
Sehr geehrter Herr Feuerstein, ¶
¶
wie Sie als unser langjähriger Kunde sicher wissen, sind wir stets auf der Suche nach attraktiven und günstigen Reisen und freuen uns daher, Ihnen heute unser aktuelles Angebot zu präsentieren: ¶
¶
9 Tage Mallorca, Übernachtung im Doppelzimmer mit Halbpension im drei Sterne-Hotel Sun-Beach, zum Sonderpreis von 399 Euro pro Person, Flug ab Frankfurt oder Berlin. ¶
¶
Beachten Sie bitte, dass dieses Angebot nur in der Zeit zwischen 10.04. und 15.05. gilt. ¶
¶
Mit freundlichen Grüßen¶
¶
Heinz Fröhlich¶

Verbessern Sie anschließend mit Hilfe der Rechtschreibprüfung von Word eventuelle Fehler.

Bewegen Sie den Cursor im Text hinter das Wort Reisen
(auf der Suche nach attraktiven und günstigen Reisen und freuen ...)
und fügen dahinter den folgenden Text zusätzlich ein:
für unsere Stammkunden

Überschreiben Sie das Wort *Mallorca* mit *Ibiza* und korrigieren Sie den Preis, anstelle von *399 Euro* geben Sie *485 Euro* ein.

Die Flughäfen für den Abflug haben sich ebenfalls geändert. Überschreiben Sie das Wort *Frankfurt* mit München und fügen Sie nach Berlin noch folgenden Text ein: *oder Düsseldorf*.

Löschen Sie das Wort *langjähriger* aus dem Brieftext.

Fügen Sie oberhalb und unterhalb von Absenderort und -datum (*Mainz, den ...*) je zwei weitere Leerzeilen ein.

Fügen Sie oberhalb der Anrede (*Sehr geehrter Herr ...*) ebenfalls eine weitere Leerzeile ein.

Fügen Sie am Textanfang oberhalb der ersten Zeile eine neue Zeile ein und geben Sie hier folgenden Text ein:
IHR REISEPARTNER

Lösungshinweise - So gehen Sie vor

Klicken Sie auf das Menü DATEI und wählen Sie den Befehl SPEICHERN. Im nachfolgenden Dialogfenster wählen Sie den gewünschten Ordner aus und geben als Dateiname **Reiseangebot** ein. Kontrollieren Sie darunter, ob als Dateityp Word-Dokument eingestellt ist, damit wird an den Dateinamen beim Speichern automatisch die Dateinamenserweiterung .doc angefügt.

Rechtschreibfehler sind mit einer roten Wellenlinie gekennzeichnet. Zur Korrektur klicken Sie einfach mit der rechten Maustaste in ein rot unterringeltes Wort und wählen einen der Korrekturvorschläge aus. Sollte kein Vorschlag erscheinen, so müssen Sie das Wort manuell korrigieren. Da das englische Wort *Sun-Beach* nicht im deutschen Wörterbuch enthalten ist, wird es trotz korrekter Schreibweise als Rechtschreibfehler gekennzeichnet, in diesem Fall wählen Sie im Kontextmenü "Alle ignorieren".

Die Eingabe sowie nachträgliche Änderungen von Text erfolgen immer links von der Cursorposition, Sie müssen also zuerst immer den Cursor an der entsprechenden Stelle entweder durch Anklicken mit der Maus oder über die Tastatur platzieren.

Achten Sie beim Einfügen von Text darauf, dass nicht etwa versehentlich der Überschreibmodus (Kürzel ÜB in der Statusleiste) aktiviert wurde.

Markierten Text können Sie einfach durch Tastatureingaben überschreiben, das bedeutet, dass Sie die betreffende Stelle markieren und anschließend den neuen Text eingeben ohne zuvor den alten Text zu löschen.

Leerzeilen einfügen
Nachträgliches Einfügen von Text erfolgt immer **links** von der Cursorposition, dies gilt auch für Absätze bzw. Leerzeilen. Wenn Sie den Cursor links vom ersten Wort der ersten Zeile positionieren, also **vor** dem Wort *Reisebüro* und anschließend die RETURN Taste drücken, so fügen Sie vor diesem Wort ein Absatzende, in diesem Fall einen leeren Absatz ein.
Auf die gleiche Weise können Sie auch weitere Leerzeilen einfügen.

Leerzeilen löschen
Überzählige Leerzeilen löschen Sie wieder, indem Sie das Absatzendezeichen (die Steuerzeichen sollten eingeblendet sein) markieren oder den Cursor links von diesem Zeichen platzieren und die Taste ENTF drücken.

Text kopieren, ausschneiden und verschieben

In dieser Lektion lernen Sie...

- Text kopieren und verschieben
- Die Zwischenablage verwenden
- Gespeicherte Dokumente einfügen

Was Sie für diese Lektion wissen sollten:

- Im Text bewegen
- Text markieren

ca. 30 Min.

Eine wichtige Arbeitstechnik in der Textverarbeitung ist das Kopieren und Wiedereinfügen oder Verschieben von Texten. Sie können markierten Text entweder direkt im Dokument per Drag and Drop verschieben oder dazu die Zwischenablage verwenden.

Mit der Maus verschieben und kopieren

Mit der Maus können Sie innerhalb eines Dokuments schnell Wörter, ganze Sätze oder Absätze verschieben. Diese Methode wird auch als Drag and Drop (Ziehen und Fallenlassen) bezeichnet. So gehen Sie dabei vor:

1. Markieren Sie zuerst den Text, den Sie verschieben wollen.

2. Zeigen Sie mit der Maus auf eine beliebige Stelle innerhalb der Markierung (der Mauszeiger erscheint als Pfeil) und ziehen Sie den Text mit gedrückter linker Maustaste an die gewünschte Stelle. Während des Ziehens sehen Sie am Mauspfeil ein kleines Kästchen, zusätzlich erscheint der Cursor als gepunktete Linie.

Text mit der Maus verschieben (Drag and Drop)

3. Positionieren Sie nun den **Cursor** an der gewünschten Stelle im Text und lassen Sie die Maustaste wieder los. Mit dem Einfügen erfolgt standardmäßig auch ein Ausgleich der Leerzeichen.

Text mit der Maus verschieben:

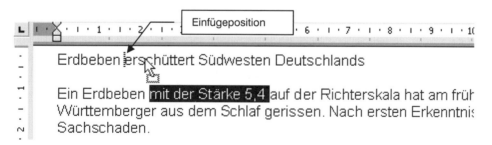

Sie können mit dieser Methode auch Text kopieren. In diesem Fall müssen Sie während des Ziehens gleichzeitig die STRG-Taste gedrückt halten. Am Mauszeiger sehen Sie zusätzlich ein Pluszeichen +.

Text mit der Maus kopieren.

Hinweis:

Es kann vorkommen, dass Sie markierten Text versehentlich verschieben, in diesem Fall machen Sie diesen Vorgang anschließend wieder rückgängig.

Versehentliches Verschieben

Die Zwischenablage

Zwischenablage in umfangreichen Texten verwenden.

Die Maus eignet sich in umfangreichen Texten nur bedingt zum Verschieben oder Kopieren über mehrere Seiten hinweg. In diesem Fall verwenden Sie besser die so genannte Zwischenablage. Ein weiterer Vorteil der Zwischenablage liegt darin, dass einmal ausgeschnittene oder kopierte Texte auch nach dem Einfügen noch weiter zur Verfügung stehen, das bedeutet, sie können mehrmals eingefügt werden.

Auch bei Verwendung der Zwischenablage muss zuvor Text markiert werden!

Text markieren!

Die Zwischenablage wird von den folgenden Symbolen, Menübefehlen und Tastenkombinationen verwendet:

Menübefehl	Beschreibung	Tasten	Symbol
Bearbeiten-Ausschneiden	Markierten Text ausschneiden	STRG+X	✂
Bearbeiten-Kopieren	Markierten Text kopieren	STRG+C	📋
Bearbeiten-Einfügen	Den Inhalt der Zwischenablage einfügen	STRG+V	📋

Text kopieren

So gehen Sie vor, wenn Sie Text mit Hilfe der Zwischenablage **kopieren** wollen:

1. Markieren Sie den Text, den Sie kopieren wollen.

2. Verwenden Sie entweder den Menübefehl BEARBEITEN-KOPIEREN oder die Tastenkombination STRG+C oder klicken Sie auf das Symbol Kopieren, der markierte Text bleibt an der ursprünglichen Stelle erhalten.

3. Positionieren Sie den Cursor an der Stelle, an der der kopierte Text eingefügt werden soll und verwenden Sie entweder den Menübefehl BEARBEITEN-EINFÜGEN oder die Tastenkombination STRG+V oder klicken auf das Symbol Einfügen.

Text ausschneiden

Genauso gehen Sie vor wenn Sie Text mit Hilfe der Zwischenablage **ausschneiden** und an anderer Stelle einfügen wollen.

1. Markieren Sie den Text, den Sie ausschneiden wollen.

2. Verwenden Sie entweder den Menübefehl BEARBEITEN-AUSSCHNEIDEN oder die Tastenkombination STRG+X oder klicken Sie auf das Symbol Ausschneiden, der markierte Text ist verschwunden.

3. Positionieren Sie den Cursor an der Stelle, an der der ausgeschnittene Text eingefügt werden soll und verwenden Sie entweder den Menübefehl BEARBEITEN-EINFÜGEN oder die Tastenkombination STRG+V oder klicken auf das Symbol Einfügen.

Hinweise:
Sollten die Symbole oder Menübefehle deaktiviert sein, so ist entweder kein Text markiert oder die Zwischenablage ist leer.

Die Befehle BEARBEITEN-EINFÜGEN, STRG+V oder das entsprechende Symbol fügen Text aus der Zwischenablage ein, unabhängig davon ob dieser zuvor ausgeschnitten oder kopiert wurde.

Die Office Zwischenablage

Die normale Windows-Zwischenablage kann immer nur ein einziges ausgeschnittenes oder kopiertes Element aufnehmen, daher wird beim Einfügen nur das letzte Element eingefügt, dies allerdings auch mehrmals.

Die Microsoft Office Anwendungen Word, Excel, PowerPoint, und Access verfügen über eine gemeinsame Zwischenablage die nacheinander maximal 24 ausgeschnittene oder kopierte Elemente aufnimmt und deren Inhalt anschließend in **beliebiger Reihenfolge** wieder eingefügt werden kann. Der Inhalt der Office Zwischenablage erscheint im Aufgabenbereich; sollte der Aufgabenbereich, bzw. die Office Zwischenablage nicht automatisch eingeblendet werden, so verwenden Sie den Menübefehl BEARBEITEN-OFFICE ZWISCHENABLAGE.

Maximal 24 Elemente in beliebiger Reihenfolge einfügen.

Die Office Zwischenablage:

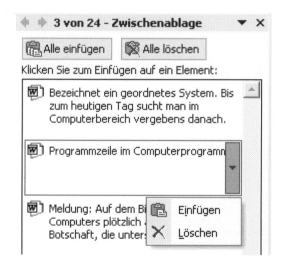

Der Inhalt der Office Zwischenablage im Aufgabenbereich

Zum Einfügen aus der Office Zwischenablage klicken Sie einfach mit der Maus auf den gewünschten Eintrag, der Text wird an der Cursorposition eingefügt. Einzelne Einträge entfernen Sie mit dem Befehl LÖSCHEN. Dieser Befehl erscheint, wenn Sie mit der Maus rechts neben dem Element auf den Pfeil klicken.

Daten zwischen Dokumenten austauschen

Die Office-Zwischenablage kann auch verwendet werden, um Texte oder beliebige Daten zwischen zwei verschiedenen Word Dokumenten oder auch zwischen verschiedenen Anwendungen des Microsoft Office Pakets, wie Word und Excel auszutauschen. Voraussetzung: beide Dokumente müssen geöffnet sein. So gehen Sie vor:

Beide Dokumente müssen geöffnet sein.

1. Markieren Sie den zu kopierenden Text.
2. Kopieren Sie nun den markierten Text in die Zwischenablage.
3. Wechseln Sie in das Zieldokument.
4. Positionieren Sie den Cursor im Text an der gewünschten Stelle und fügen Sie den Inhalt der Zwischenablage links von der Cursorposition ein,

eventuell müssen Sie im zweiten Dokument ebenfalls zuerst die Office-Zwischenablage einblenden.

Profi Tipp:
Im Gegensatz zur Office Zwischenablage steht die Windows Zwischenablage allen Windows Programmen zur Verfügung und kann dazu benutzt werden, um nicht nur Text, sondern auch Elemente wie beispielsweise Grafiken zu kopieren und in ein Word Dokument einfügen.

SmartTags
Nach dem Einfügen von Text aus der Zwischenablage erscheint unter Umständen ein kleines Symbol an der Einfügestelle. Mit diesen so genannten SmartTags können Sie die Formatierung des eingefügten Textes an das Dokument anpassen. Mit einem Klick auf den SmartTag erscheint ein Menü mit den entsprechenden Befehlen:

SmartTag Einfügen-Optionen

Anpassen der Formatierung nach dem Einfügen aus der Zwischenablage:

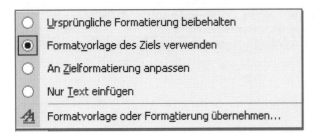

Formatierung anpassen

Hinweis: SmartTags verschwinden automatisch wieder nach Ihrer nächsten Aktion, beziehungsweise wenn Sie mit der Eingabe fortfahren.

Word Dokument einfügen

Sie können auch ein gespeichertes Word Dokument vollständig in das aktuelle geöffnete Dokument einfügen. Dazu positionieren Sie den Cursor an der gewünschten Stelle, beispielsweise am Ende des Dokuments und verwenden den Menübefehl EINFÜGEN - DATEI...

Word Dokument einfügen

Im nachfolgenden Fenster wählen Sie die Datei aus und klicken auf die Schaltfläche EINFÜGEN.

Auf diese Weise können nicht nur Word Dokumente, sondern auch reine Text Dateien (.txt) oder Texte im RTF Format (.rtf, Rich Text Format) eingefügt werden.

Zusammenfassung

- Zum Kopieren und Verschieben von Text verwenden Sie in Word entweder die Maus (Drag and Drop) oder die Zwischenablage. In jedem Fall müssen Sie den Text zuerst markieren.

- Mit gedrückter linker Maustaste verschieben Sie markierten Text innerhalb des Dokuments, wenn Sie zusätzlich dazu die STRG-Taste drücken, wird der Text kopiert. Die Zwischenablage wird dabei nicht benutzt.

- Die Menübefehle oder Symbole KOPIEREN, AUSSCHNEIDEN und EINFÜGEN verwenden die Zwischenablage. Der markierte Text wird in die Zwischenablage kopiert oder ausgeschnitten und mit dem Befehl EINFÜGEN an der Cursorposition wieder eingefügt. Damit kann Text auch in umfangreichen Dokumenten oder zwischen zwei Dokumenten kopiert und verschoben werden.

- Aus der normalen Windows Zwischenablage kann immer nur der zuletzt ausgeschnittene oder kopierte Text eingefügt werden. Die Office-Zwischenablage dagegen nimmt maximal 24 Elemente auf und erscheint im Aufgabenbereich. Hier können die Elemente in beliebiger Reihenfolge wieder eingefügt werden, ein Datenaustausch zwischen zwei Word Dokumenten oder anderen Office Dokumenten ist ebenfalls möglich.

- SmartTags erlauben nach dem Einfügen von Text eine Anpassung der Formatierung.

- Mit dem Menübefehl EINFÜGEN-DATEI kann auch ein vollständiges, gespeichertes Dokument an der Cursorposition eingefügt werden.

Übung

Starten Sie Microsoft Word mit einem neuen, leeren Dokument, speichern Sie das Dokument unter Namen **Kleines Lexikon.doc** und geben Sie ab der ersten Zeile den nachfolgenden Text ein.

Kleines Computerlexikon

Sekretärin: Mitglied einer geplagten Berufsgruppe, die, ohne es zu wissen, als Versuchskaninchen für florierende Softwarefirmen langweilige und komplizierte Textverarbeitungsprogramme im täglichen Betrieb testen muss (noch schlimmer, wenn sie es weiß!).

Befehlszeile: Programmzeile im Computerprogramm, die dem Anwender eine so kurze Anweisung gibt, dass dieser sie nicht versteht.

Einsteiger: wagemutige Zeitgenossen, die, ähnlich wie die Freihandkletterer in den Felsen, mit vollem Risiko ihre neuen Computer anschalten, um sich in eine völlig unbekannte Welt zu begeben, in der sie beim Einsteigen schon wieder ans Aussteigen denken.

Reiseschreibmaschine: Todsichere Vorgängerin des tragbaren Computers, die dank der kargen Elektronik immer die letzte Rettung des Handlungsreisenden darstellt, wenn Notebook oder Laptop ihren batteriebetriebenen Geist schon längst aufgegeben haben.

Ändern Sie den Text im ersten Absatz (*Sekretärin...*) durch Verschieben mit der Maus wie folgt:

Vertauschen Sie die beiden Wörter "*langweilige*" und "*komplizierte*".

Verschieben den Text "*für florierende Softwarefirmen*" vor die Wörter "*als Versuchskaninchen*".

Ergebnis:

Sekretärin: Mitglied einer geplagten Berufsgruppe, die, ohne es zu wissen, für florierende Softwarefirmen als Versuchskaninchen komplizierte und langweilige Textverarbeitungsprogramme im täglichen Betrieb testen muss (noch schlimmer, wenn sie es weiß!).

Schneiden Sie den gesamten Absatz *Einsteiger:...* aus und fügen Sie ihn nach dem letzten Absatz mit einer Zeile Abstand wieder ein.

Kopieren Sie den Absatz *Reiseschreibmaschine:...* in die Zwischenablage und fügen Sie den Absatz anschließend in einem neuen Word-Dokument wieder ein. Speichern Sie das Dokument unter dem Namen **Lexikon-2.doc** und wechseln Sie anschließend wieder zurück in das ursprüngliche Dokument.

Sollte der Inhalt der Office-Zwischenablage nicht bereits automatisch im Aufgabenbereich erscheinen, so blenden Sie die Office Zwischenablage ein. Kopieren Sie nun nacheinander die restlichen Absätze einzeln in die Zwischenablage und fügen Sie dann die Absätze in alphabetischer Reihenfolge im Dokument **Lexikon-2.doc** wieder ein.

Lösungshinweise - So gehen Sie vor

Verschieben mit der Maus

Um die beiden Wörter "*langweilige*" und "*komplizierte*" durch Verschieben zu vertauschen gehen Sie so vor:

Markieren Sie das Wort "*langweilige*".

Zeigen Sie mit der Maus in die Markierung und ziehen Sie nun mit gedrückter linker Maustaste bis sich der Cursor an der Stelle befindet, an der Sie das Wort einfügen wollen, also vor dem Wort "*Textverarbeitungsprogramme*". Das Wort wird erst dann eingefügt, wenn Sie die Maustaste wieder loslassen.

Sekretärin: Mitglied einer geplagten Berufsgruppe, die, ohne es zu wissen, für florierende Softwarefirmen als Versuchskaninchen langweilige und komplizierte Textverarbeitungsprogramme im täglichen Betrieb testen muss (noch schlimmer, wenn sie es weiß!).

Nun müssen Sie noch das Wort "*und*" markieren und zwischen die Wörter "*langweilige komplizierte*" verschieben.

Ebenso verfahren Sie mit dem Text "*für florierende Softwarefirmen*".

Verwenden der Zwischenablage

Wenn Sie Text in die Zwischenablage ausschneiden oder kopieren wollen, so markieren Sie zuerst den Text und klicken anschließend auf das Symbol Ausschneiden oder verwenden die Tastenkombination STRG+X (bzw. das Symbol Kopieren oder STRG+C). Einen vollständigen Absatz markieren Sie am schnellsten mit Doppelklick in den Markierungsbereich.

Nun positionieren Sie den Cursor an der Stelle, an der Sie den Text wieder einfügen wollen und klicken entweder auf das Symbol Einfügen oder drücken die Tastenkombination STRG+V.

Die Symbole Ausschneiden, Kopieren und Einfügen

Die Office-Zwischenablage öffnen Sie mit dem Menübefehl BEARBEITEN - OFFICE ZWISCHENABLAGE. In diese Office- Zwischenablage können Sie maximal 24 Elemente ausschneiden oder kopieren und anschließend in beliebiger Reihenfolge wieder einfügen.

Seite einrichten und drucken

In dieser Lektion lernen Sie...

- Seitenränder einrichten
- Dokument drucken
- Die Seitenansicht
- Automatischer und manueller Seitenumbruch
- Dokument in Abschnitte aufteilen

Was Sie für diese Lektion wissen sollten:

- Text eingeben und markieren

ca. 30 Min.

Seitenansicht (Druckvorschau)

Vor dem Drucken sollten Sie die Druckausgabe eines Dokuments zunächst auf dem Bildschirm kontrollieren, um unnötigen Papierverbrauch zu vermeiden. Dazu steht in allen Microsoft Office Anwendungen eine Druckvorschau, die Seitenansicht zur Verfügung. Die Seitenansicht öffnen Sie mit dem Menübefehl DATEI-SEITENANSICHT oder mit einem Mausklick auf das Symbol. Sie sehen in dieser Ansicht den Text genauso, wie er später gedruckt wird, einschließlich Text in Kopf- und Fußzeilen.

Seitenansicht

In der Seitenansicht erscheint automatisch die dazugehörige Symbolleiste, die wichtigsten Symbole sind:

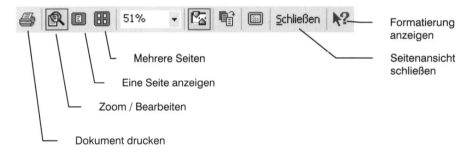

Zoom
In der Seitenansicht erscheint ein Dokument so verkleinert, dass eine oder mehrere Druckseiten vollständig auf dem Bildschirm angezeigt werden können. Um den Text genauer zu kontrollieren, beziehungsweise zu lesen klicken Sie einfach mit der Maus an die gewünschte Stelle. Der Mauszeiger nimmt in der Seitenansicht standardmäßig die Form einer Lupe an, das bedeutet dass Sie mit einem Mausklick den Zoom so verändern können, dass Ihr Dokument entweder in der Originalgröße (100%) oder stark verkleinert dargestellt wird.
Möchten Sie direkt in der Seitenansicht kleinere Korrekturen am Text vornehmen, so deaktivieren Sie in der Symbolleiste das Symbol Zoom.

Eine oder mehrere Druckseiten vor dem Ausdruck kontrollieren

Mehrere Seiten
Ob nur eine einzige Seite oder mehrere Seiten gleichzeitig dargestellt werden sollen, können Sie über zwei weitere Symbole steuern. Markieren Sie nach einem Mausklick auf das Symbol MEHRERE SEITEN einfach die Anzahl der Seiten mit gedrückter Maustaste. In umfangreichen Dokumenten blättern Sie mit den Tasten BILD AUF/AB durch Ihre Seiten.

Seitenansicht schließen
Bevor Sie mit der Textbearbeitung weiter fortfahren, müssen Sie die Seitenansicht mit einem Mausklick auf die Schaltfläche in der Symbolleiste oder mit der ESC-Taste schließen.

Seite einrichten

Alle Einstellungen einer Druckseite, wie Papierformat und Ausrichtung sowie die Seitenränder ändern Sie über den Menübefehl DATEI-SEITE EINRICHTEN...

Papierformat

Im Register Format wählen Sie zunächst die Papiergröße aus. Sollte die gewünschte Größe im Listenfeld nicht enthalten sein, so können Sie über die Auswahl Benutzerdefiniertes Format eine beliebige Größe angeben. Standardmäßig dürfte A4 (Breite 21 cm und Höhe 29,7 cm) bereits eingestellt sein.

Papiergröße wählen

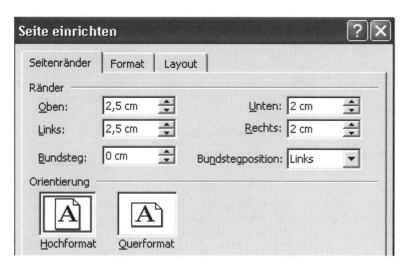

Seitenränder

Im Register Seitenränder legen Sie die Seitenränder fest. Klicken Sie dazu entweder mehrmals auf die Pfeile neben dem jeweiligen Eingabefeld oder geben Sie das Maß über die Tastatur ein. Standardmäßig verwendet Word Zentimeter als Maßeinheit, so dass die Angabe cm auch entfallen kann. Benötigen Sie zusätzlichen Platz für das Binden oder Lochen der Seiten, so geben Sie den Wert als Bundsteg an.

Breite der Seitenränder

> **Beachten Sie, dass Sie alle Maßangaben mit Komma als Dezimalzeichen eingeben müssen!**

Die Papierausrichtung (Hoch- oder Querformat) können Sie hier ebenfalls wählen.

Standard festlegen

Sie können Papierformat und einmal gewählte Seitenränder auch als Voreinstellung für alle zukünftigen neuen, leeren Dokumente festlegen. Klicken Sie dazu im Dialogfenster Seite einrichten einfach auf die Schaltfläche STANDARD und bestätigen Sie die anschließende Meldung mit JA.

Standard Papierformat und Seitenränder

Lineal verwenden

Word kennt noch eine weitere Möglichkeit die Seitenränder zu ändern, nämlich direkt im Dokument mit Hilfe des Lineals, sollte es nicht sichtbar sein, so blenden Sie das Lineal über das Menü ANSICHT-LINEAL ein. Bewegen Sie nun den Mauszeiger im Lineal über den rechten oder linken Seitenrand bis als Mauszeiger ein waagrechter Doppelpfeil erscheint. Ziehen Sie nun mit gedrückter linker Maustaste den Seitenrand in die gewünschte Breite.

Seitenränder mit Hilfe des Lineals verändern.

Tipp: Wenn Sie dabei gleichzeitig die ALT-Taste auf der Tastatur gedrückt halten, so erscheint die genaue Maßangabe in cm, damit sind auch millimetergenaue Änderungen möglich.

Seitenränder mit Hilfe des Lineals ändern

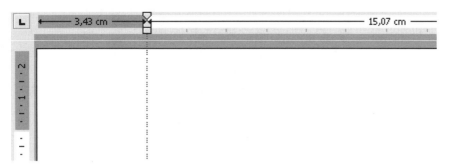

Genaue Breite
einblenden mit der
ALT Taste

Drucken

Word kennt zwei Möglichkeiten ein Dokument zu drucken:

Drucken

- Das Symbol DRUCKEN in der Standard-Symbolleiste, damit wird anschließend automatisch das gesamte Dokument gedruckt.

- Den Menübefehl DATEI-DRUCKEN... hier können Sie anschließend weitere Druckeinstellungen vornehmen:

Seitenbereich

Wollen Sie nicht das gesamte Dokument drucken, sondern nur einen bestimmten Bereich, so können Sie unter Seitenbereich die gewünschte Option wählen.

Bestimmte Seiten
drucken

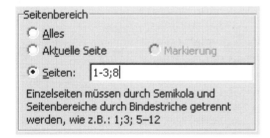

Beim Drucken mehrerer Exemplare kann auch ein sortierter Ausdruck erfolgen. Eine weitere Möglichkeit nur bestimmte Seiten, nämlich alle geraden oder ungeraden Seiten zu drucken finden Sie im Listenfeld Druckauswahl.

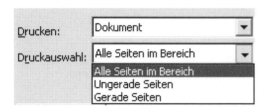

Profi Tipp:

Standardmäßig wird ein Dokument gedruckt, Sie können aber auch im Listenfeld Drucken auswählen, ob Sie Formatvorlagen, die Eigenschaften eines Dokuments oder AutoTexte drucken wollen.

Was soll gedruckt
werden?

Seitenumbruch

Automatischer Seitenumbruch

Word erkennt das Ende einer Seite und fügt automatisch einen **Seitenumbruch** ein, das bedeutet gleichzeitig mit einer neuen Zeile wird eine neue Seite angefügt und der Text auf dieser Seite fortgeführt. In der Normalansicht erkennen Sie einen automatischen Seitenumbruch an der gepunkteten Linie (Nur wenn die übrigen Steuerzeichen wie Absatzende ebenfalls sichtbar sind!). Wie der automatische Zeilenumbruch passt sich auch der automatische Seitenumbruch bei nachträglichen Änderungen am Text an.

Automatischer Seitenumbruch

Ein automatischer Seitenumbruch in der Ansicht Normal:

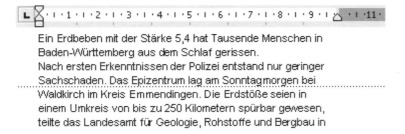

In der Statusleiste am unteren Bildschirmrand sehen Sie, wie viele Seiten Ihr Word Dokument insgesamt umfasst und auf welcher Seite sich der Cursor gerade befindet. 3/35 bedeutet, der Cursor befindet sich auf der Seite 3 von insgesamt 35 Seiten.

Anzahl der Seiten in der Statusleiste.

Manueller Seitenumbruch

Ein manueller Seitenumbruch bedeutet, Sie fügen an einer beliebigen Stelle eines Dokuments einen Seitenwechsel ein. Beachten Sie, dass ein manueller Seitenumbruch immer **links von der Cursorposition** erfolgt. Positionieren Sie also den Cursor an der Stelle, **vor** der eine neue Seite beginnen soll und drücken Sie entweder die Tastenkombination STRG+RETURN oder wählen Sie im Menü EINFÜGEN den Befehl MANUELLER UMBRUCH... und bestätigen Sie anschließend die Option Seitenumbruch mit der Schaltfläche OK.

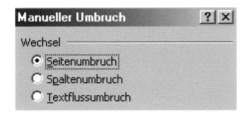

Sind im Dokument die Steuerzeichen wie Leerzeichen und Absatzende eingeblendet, so sehen Sie auch in der Ansicht Seitenlayout einen manuellen Seitenumbruch als gepunktete Linie. Um einen manuellen Seitenumbruch wieder zu löschen, klicken Sie mit der Maus in die Linie und drücken die Taste ENTF.

Manueller Seiten-umbruch links von der Cursorposition

Ein manueller Seitenumbruch in der Ansicht Seitenlayout:

Seitenumbruch löschen.

Dokument in Abschnitte aufteilen

Einstellungen die das Seitenlayout betreffen, also Papierformat und -ausrichtung, Seitenränder und Inhalte von Kopf- und Fußzeilen gelten in Word immer für einen Abschnitt, unabhängig von der Anzahl der Seiten. Da die meisten Dokumente gleichzeitig aus einem einzigen Abschnitt bestehen, beziehen sich diese Einstellungen automatisch auch auf das gesamte Dokument. Ist Ihnen das Kürzel Ab 1 in der Statuszeile bereits aufgefallen? Es bedeutet, der Cursor befindet sich im ersten Abschnitt eines Dokuments.

Möchten Sie innerhalb eines längeren Dokuments unterschiedliche Einstellungen für Seitenränder oder Fußzeilen verwenden, so müssen Sie zuvor das Dokument in Abschnitte aufteilen. Über den Menübefehl EINFÜGEN - MANUELLER UMBRUCH... können Sie nicht nur einen Seitenumbruch sondern auch einen Abschnittswechsel einfügen.

Abschnittswechsel einfügen.

Auch ein Abschnittswechsel erfolgt immer links von der Cursorposition.

Wählen Sie, ob mit dem neuen Anschnitt gleichzeitig auch eine neue Seite beginnen soll (Nächste Seite) oder ob Sie mit dem neuen Abschnitt auf der aktuellen Seite fortfahren wollen (Fortlaufend). Umfasst Ihr Dokument mehrere Seiten, so können Sie über die Option Gerade /Ungerade Seite auch festlegen, ob der nächste Abschnitt mit einer geraden oder ungeraden Seite beginnen soll.

Einen Abschnittswechsel erkennen Sie bei eingeblendeten Steuerzeichen an der doppelt gepunkteten Linie, zum Löschen klicken Sie auf die Linie und drücken die Taste ENTF.

Zusammenfassung

- In der Seitenansicht können Sie vor dem Drucken den Ausdruck am Bildschirm kontrollieren. Zur Seitenansicht gehört eine spezielle Symbolleiste zur Steuerung der Anzeige. Schließen Sie die Seitenansicht, um zur vorherigen Word-Ansicht zurückzukehren und mit der Bearbeitung fortzufahren.

- Seitenformate wie Papierformat und -ausrichtung sowie die Seitenränder legen Sie fest über das Menü DATEI-SEITE EINRICHTEN... Bestätigen Sie mit der Schaltfläche Standard, so übernehmen Sie das gewählte Papierformat und die Seitenränder gleichzeitig als Standardformat für alle neuen Dokumente.

- Das Symbol DRUCKEN druckt immer das gesamte Dokument. Sollen dagegen nur bestimmte Seiten oder mehrere Exemplare sortiert gedruckt werden, so finden Sie die Befehle dazu im Menü DATEI-DRUCKEN...

- Ist ein Dokument länger als eine Seite, so fügt Word einen automatischen Seitenumbruch ein. Die Statuszeile zeigt an, auf welcher Seite sich der Cursor im Moment befindet. Einen manuellen Seitenumbruch können Sie über das Menü EINFÜGEN-MANUELLER UMBRUCH oder mit der Tastenkombination STRG+RETURN an beliebiger Stelle im Text einfügen. Der Seitenumbruch erfolgt dabei immer vor der Cursorposition.

- Um innerhalb eines längeren Dokuments unterschiedliche Seitenein- stellungen zu verwenden, muss das Dokument in Abschnitte aufgeteilt werden, das bedeutet Sie müssen einen Abschnittswechsel entweder fortlaufend oder mit Beginn einer neuen Seite einfügen.

Text formatieren – Zeichen- und Absatzformate

ca. 45 Min.

In dieser Lektion lernen Sie...

- Die verschiedenen Formatierungsarten
- Zeichenformate
- Absatzformate
- Format anzeigen und übertragen

Was Sie für diese Lektion wissen sollten:

- Text eingeben und markieren

Die vielfältigen Gestaltungsmöglichkeiten von Dokumenten bezeichnet man in der Textverarbeitung als **Formatierung**. Word unterscheidet grundsätzlich drei verschiedene Arten der Formatierung:

- **Zeichenformate** beziehen sich immer nur auf markierten Text
- **Absatzformate** gelten für einen ganzen Absatz
- **Abschnittsformate** umfassen meist mehrere Seiten, beispielsweise Papierformat und Seitenränder

In dieser Lektion lernen Sie zunächst die wichtigsten Zeichen- und Absatzformate kennen, weiterführende Formatierungen werden in einer gesonderten Lektion behandelt. Die Formatierung von Zeichen und Absätzen erfolgt meist nach der Texteingabe und kann auch jederzeit wieder geändert werden. Die Symbolleiste Format enthält die wichtigsten Formate und sollte daher sichtbar sein.

Zeichenformate

Zeichen müssen markiert werden.

Zeichen vorher markieren!

Um Zeichen zu formatieren, muss zuvor die entsprechende Textstelle markiert werden, mit einer Ausnahme: Um ein einzelnes Wort zu formatieren, reicht es aus, wenn Sie den Cursor im Wort positionieren.

Schriftschnitt

Häufige Zeichenformate sind Unterstrichen, Fett und Kursiv, sie werden auch als Schriftschnitt bezeichnet. Die Symbole dazu finden Sie in der Symbolleiste Format, Sie können aber auch Tastenkombinationen zur Formatierung verwenden.

Fett, Kursiv, Unterstrichen

Symbol	Beispiel	Tasten
F	**Fett**	STRG+Umschalt+F
U	Unterstrichen	STRG+Umschalt+U
K	*Kursiv*	STRG+Umschalt+K

Befindet sich der Cursor beispielsweise in einem unterstrichenen Wort, so sehen Sie das dazugehörige Symbol Unterstrichen in der Symbolleiste hervorgehoben. Um Formatierungen wie Fettdruck, Unterstrichen oder Kursivschrift wieder zu entfernen, markieren Sie erneut den Text und klicken auf das Symbol, bzw. drücken die Tastenkombination.

Schriftart und Schriftgröße

Bei der Eingabe verwendet Word die Standardschriftart und Schriftgröße, häufig Times New Roman. Für Änderungen stehen Ihnen alle Schriftarten, die auf dem Computer installiert sind zur Verfügung. Beachten Sie aber, dass sich darunter auch so genannte Symbolschriftarten befinden, die nicht zur normalen Textformatierung geeignet sind.

Die Formatierung mit einer Schriftart erfolgt am einfachsten über die Symbolleiste Format.

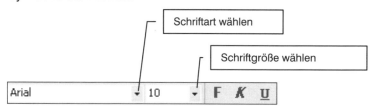

Schriftart wählen

Klicken Sie mit der Maus auf den Listenpfeil neben dem Feld Schriftart und blättern Sie mit den Bildlaufleisten, um die vollständige, alphabetisch geordnete Liste aller Schriftarten einschließlich einer Vorschau zu sehen. Im oberen Abschnitt finden Sie eine Zusammenstellung der häufig verwendeten Schriftarten. Mit einem Mausklick auf den Schriftnamen wählen Sie eine Schriftart aus. Ein Druckersymbol vor einer Schriftart kennzeichnet Druckerschriften die ausschließlich am installierten Drucker und nur in festgelegten Größen zur Verfügung stehen, alle anderen Schriftarten sind TrueType Schriftarten, die beliebig vergrößert und verkleinert werden können.

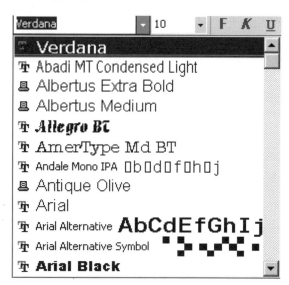

Tipp:

Um schnell eine bestimmte Schriftart, beispielsweise VERDANA zu finden, genügt es, wenn Sie den Anfangsbuchstaben der Schriftart direkt in das Feld eintippen und anschließend auf den Listenpfeil klicken. Die Liste wird ab dem eingegebenen Buchstaben V geöffnet.

Anfangsbuchstaben eingeben.

Proportionalschrift

Die meisten Schriftarten sind **Proportionalschriftarten,** das bedeutet, jedes Zeichen beansprucht nur die tatsächliche Breite, daher benötigt beispielsweise ein M mehr Platz als ein i. Bei anderen Schriftarten, beispielsweise Courier ist jeder Buchstabe gleich breit. Mit einem Wechsel der Schriftart kann sich daher auch der Zeilenumbruch ändern.

Schriftgröße

Schriftgrad = Schriftgröße in Punkt

Die Schriftgröße (Schriftgrad) können Sie ebenfalls schnell über das Listenfeld in der Symbolleiste ändern. Die Schriftgröße (Zeichenhöhe) ist in dem typographischen Maß **Punkt** (pt) angegeben, ein Punkt sind ca. 0,35 mm. Zum Vergleich: 12 Punkt entspricht der Schreibmaschinenschrift. Da allerdings moderne Laser- und Tintenstrahldrucker ein wesentlich besseres Schriftbild liefern, verwendet man, je nach Schriftart beispielsweise in Briefen meist die Schriftgröße 10 oder 11 pt.

Steht die gewünschte Schriftgröße nicht in der Auswahlliste zur Verfügung, so klicken Sie direkt in das Feld, geben anstelle der Markierung die Größe in Punkt, beispielsweise 11,5, ein und bestätigen mit der RETURN-TASTE.

Schriftfarbe

Schriftfarbe

Zum Ändern der Schriftfarbe markieren Sie den Text und klicken in der Symbolleiste Format auf den Pfeil neben dem Symbol Schriftfarbe. Das Symbol selbst zeigt immer nur die zuletzt verwendete Farbe an.

<u>Weitere Zeichenformate</u>

Alle oben beschriebenen Zeichenformate, sowie weitere Möglichkeiten der Zeichenformatierung finden Sie im Dialogfenster ZEICHEN, das Sie entweder über das Kontextmenü mit dem Befehl ZEICHEN... oder mit dem Menübefehl FORMAT-ZEICHEN öffnen.

Im Register Schrift finden Sie weitere Möglichkeiten, um Text zu unterstreichen, beispielsweise mit verschiedenen Linienarten oder in einer anderen Farbe.

Unter den Effekten sollen hier nur zwei Optionen erwähnt werden:

Weitere Schrifteffekte

- Mit dem Kontrollkästchen Großbuchstaben wandeln Sie den markierten, normalen Text nachträglich in Großbuchstaben um.

- KAPITÄLCHEN BEDEUTET, SIE WANDELN DEN TEXT UM IN GROßE UND KLEINE GROßBUCHSTABEN.

- Ausgeblendeter Text erscheint nicht auf dem Ausdruck und wird auch auf dem Bildschirm nur zusammen mit den Steuerzeichen angezeigt.

Zeichenabstand

Zeichenabstand festlegen

Im Register Zeichenabstand des Dialogfensters Zeichen können Sie auch noch den Abstand der Zeichen, die Laufweite ändern. Wählen Sie im Listenfeld Erweitert und geben Sie daneben einfach das Maß in pt an.

Beispiel für eine erweiterte Laufweite:

Laufweite erweitert um 2 pt.

Die Breite der einzelnen Zeichen selbst ändern Sie über die Skalierung.

Skalierung auf 150 %.

Das Listenfeld Position ermöglicht das Höher- oder Tieferstellen gegenüber der Grundlinie um das angegebene Maß.

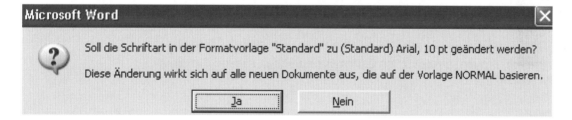

Standardschrift festlegen

Wenn Sie in einem neuen Dokument mit der Eingabe beginnen, so verwendet Word eine bestimmte Schriftart und -größe als **Standardschrift**. Die Standardschrift ist in der verwendeten Dokumentvorlage gespeichert. Damit nicht in jedem neuen Dokument nachträglich für den gesamten Text die Schriftart geändert werden muss, können Sie die Standardschrift ändern. So gehen Sie vor:

Voreinstellung für neue leere Dokumente ändern

1. Klicken Sie auf den Menübefehl FORMAT - ZEICHEN...

2. Wählen Sie die gewünschte Schriftart und -größe, die ab sofort als Standardschrift für jedes neue Dokument verwendet werden soll.

3. Klicken Sie nun auf die Schaltfläche STANDARD in der unteren linken Ecke des Dialogfensters. Die anschließende Rückfrage bestätigen Sie mit Ja.

Die Änderung wirkt sich aus auf das aktuelle Dokument sowie alle zukünftigen Dokumente, nicht aber auf bereits erstellte und gespeicherte Dokumente.

Microsoft Word	
? Soll die Schriftart in der Formatvorlage "Standard" zu (Standard) Arial, 10 pt geändert werden?	
Diese Änderung wirkt sich auf alle neuen Dokumente aus, die auf der Vorlage NORMAL basieren.	
[Ja] [Nein]	

Absatzformate

Was ist ein Absatz?

Einen Absatz beenden Sie in Word immer wenn Sie die RETURN-Taste drücken. Am Bildschirm sehen Sie das (nicht druckbare) Zeichen Absatzende ¶. Da sich Absatzformate immer auf den gesamten, aktuellen Absatz beziehen, genügt es daher bei der Absatzformatierung, wenn sich der Cursor innerhalb des Absatzes befindet, nur zur gleichzeitigen Formatierung mehrerer Absätze müssen Sie die Absätze zuvor markieren.

Wichtig:

Durch Drücken der RETURN-Taste während der Eingabe beenden Sie in Word nicht nur einen Absatz, sondern übernehmen auch automatisch die Formatierung dieses Absatzes in den nächsten Absatz. Haben Sie beispielsweise einen Absatz im Blocksatz formatiert und beginnen nach dem Drücken der RETURN-Taste einen neuen Absatz, so erhält dieser ebenfalls die Ausrichtung Blocksatz.

Absatzformate in den nächsten Absatz übernehmen.

Ausrichtung

Über die Ausrichtung eines Absatzes steuern Sie, wie der Absatz zwischen dem linken und rechten Seitenrand ausgerichtet wird. Standardmäßig sind bei der Eingabe alle Absätze zunächst linksbündig ausgerichtet, das bedeutet der Absatz schließt bündig mit dem linken Seitenrand ab. Blocksatz bedeutet, ein Absatz schließt bündig mit dem linken und rechten Seitenrand ab, der Ausgleich erfolgt über die Wortzwischenräume.

Die folgenden Symbole der Symbolleiste Format steuern die Absatzausrichtung:

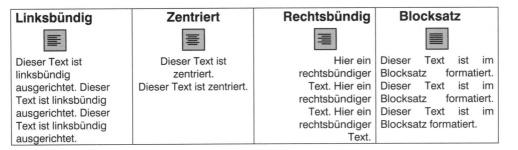

Absatzausrichtung

Linksbündig	Zentriert	Rechtsbündig	Blocksatz
Dieser Text ist linksbündig ausgerichtet. Dieser Text ist linksbündig ausgerichtet. Dieser Text ist linksbündig ausgerichtet.	Dieser Text ist zentriert. Dieser Text ist zentriert.	Hier ein rechtsbündiger Text. Hier ein rechtsbündiger Text. Hier ein rechtsbündiger Text.	Dieser Text ist im Blocksatz formatiert. Dieser Text ist im Blocksatz formatiert. Dieser Text ist im Blocksatz formatiert.

Einzüge

Ein Einzug rückt einen Absatz gegenüber dem linken Seitenrand und/oder dem rechten Seitenrand ein. Dabei können Sie auch einen negativen Wert eingeben (Ausrückung), z.B. -2 cm. Den linken Einzug steuern Sie über diese beiden Symbole der Symbolleiste:

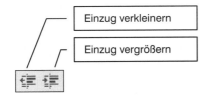

Einzug verkleinern

Einzug vergrößern

Einzug: Abstand zum linken / rechten Seitenrand

Einzug vergrößern

Mit jedem Mausklick auf das Symbol Einzug vergrößern rücken Sie den aktuellen Absatz um 1,25 cm ein, um einen Absatz um 2,5 cm einzurücken klicken Sie also 2 mal auf das Symbol.

Einzug verkleinern

Mit dem Symbol Einzug verkleinern verringern Sie den Abstand eines eingerückten Absatzes zum Seitenrand wieder, der Absatz wird ausgerückt.

Weitere verschiedene Einzüge finden Sie über das Menü FORMAT-ABSATZ... oder dem Befehl ABSATZ... des Kontextmenüs. Hier können Sie nicht nur den linken und rechten Einzug festlegen, sondern über Sondereinzüge auch abweichende Einzüge für die erste Zeile eines Absatzes regeln.

Erste Zeile bewirkt einen Einzug ausschließlich für die erste Zeile eines Absatzes.

Erstzeileneinzug

Hängend bedeutet, die erste Zeile beginnt am linken Seitenrand und die Folgezeilen eines Absatzes werden um das angegebene Maß eingerückt. Ein hängender Einzug kann aber auch in Verbindung mit einem linken Einzug verwendet werden.

Hängender Einzug

Die verschiedenen Einzüge:

Das ist ein normaler Text ohne Einzüge. Das ist ein normaler Text ohne Einzüge. Das ist ein normaler Text ohne Einzüge. Das ist ein normaler Text ohne Einzüge. Das ist ein normaler Text ohne Einzüge.

> **Das ist ein Text mit linkem Einzug.** Das ist ein Text mit linkem Einzug. Das ist ein Text mit linkem Einzug. Das ist ein Text mit linkem Einzug. Das ist ein Text mit linkem Einzug. Das ist ein Text mit linkem Einzug.

Das ist ein Text mit rechtem Einzug. Das ist ein Text mit rechtem Einzug. Das ist ein Text mit rechtem Einzug. Das ist ein Text mit rechtem Einzug. Das ist ein Text mit rechtem Einzug. Das ist ein Text mit rechtem Einzug. Das ist ein Text mit rechtem Einzug.

> **Das ist ein Text mit Sondereinzug: Erste Zeile um 1,5 cm.** Das ist ein Text mit Sondereinzug: Erste Zeile um 1,5 cm. Das ist ein Text mit Sondereinzug: Erste Zeile um 1,5 cm. Das ist ein Text mit Sondereinzug: Erste Zeile um 1,5 cm. Das ist ein Text mit Sondereinzug: Erste Zeile um 1,5 cm.

Das ist ein Text mit Sondereinzug: Hängend um 1,5 cm. Das ist ein Text mit Sondereinzug: Hängend um 1,5 cm. Das ist ein Text mit Sondereinzug: Hängend um 1,5 cm. Das ist ein Text mit Sondereinzug: Hängend um 1,5 cm. Das ist ein Text mit Sondereinzug: Hängend um 1,5 cm.

Das Lineal bietet eine weitere Möglichkeit, Einzüge mit der Maus zu bearbeiten. Dazu muss allerdings das Lineal eingeblendet sein (Menü ANSICHT-LINEAL).

Im Lineal erkennen Sie die verschiedenen Einzüge des aktuellen Absatzes (Cursorposition) an den dreieckigen Schiebe-Marken. Verschieben Sie diese Marken mit gedrückter linker Maustaste um den linken und rechten Einzug und den Sondereinzug zu verändern.

Einzug im Lineal steuern.

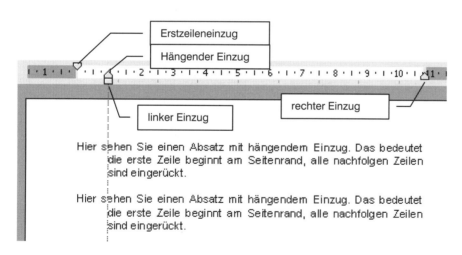

Erstzeileneinzug

Hängender Einzug

linker Einzug

rechter Einzug

Hier sehen Sie einen Absatz mit hängendem Einzug. Das bedeutet die erste Zeile beginnt am Seitenrand, alle nachfolgen Zeilen sind eingerückt.

Hier sehen Sie einen Absatz mit hängendem Einzug. Das bedeutet die erste Zeile beginnt am Seitenrand, alle nachfolgen Zeilen sind eingerückt.

Linker Einzug und Sondereinzüge

rechter Einzug

Zeilenabstand

Den Abstand der Zeilen innerhalb eines Absatzes können Sie schnell über das Symbol in der Symbolleiste Format ändern. Wenn Sie auf den Auswahlpfeil neben dem Symbol klicken, finden Sie verschiedene Abstände in Zeilen. Beachten Sie, dass diese Abstände abhängig sind von der verwendeten Schriftgröße.

Mit einem Mausklick auf den Befehl WEITERE... können Sie genauere Zeilenabstände definieren.

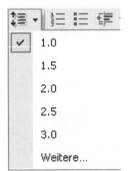

Die Einstellung Mindestens gibt ein Mindestmaß vor, das nicht unterschritten werden darf. Mit dem Zeilenabstand Genau geben Sie ein bestimmtes Maß, unabhängig von der Schriftgröße vor. Die Auswahl Mehrfach erlaubt ein beliebiges Maß in Zeilen, also beispielsweise 1,2 Zeilen.

Einzeiliger Zeilenabstand. Einzeiliger Zeilenabstand. Einzeiliger Zeilenabstand. Einzeiliger Zeilenabstand. Einzeiliger Zeilenabstand. Einzeiliger Zeilenabstand. Einzeiliger Zeilenabstand.	1,5 facher Zeilenabstand. 1,5 facher Zeilenabstand. 1,5 facher Zeilenabstand. 1,5 facher Zeilenabstand. 1,5 facher Zeilenabstand.	Doppelter Zeilenabstand. Doppelter Zeilenabstand. Doppelter Zeilenabstand. Doppelter Zeilenabstand.

Beispiel für Zeilenabstände.

Absatzabstand

Im Dialogfenster ABSATZ, das Sie entweder über den Menübefehl FORMAT-ABSATZ... oder den Befehl ABSATZ... aus dem Kontextmenü öffnen, können Sie auch Abstände zum vorhergehenden oder nachfolgenden Absatz festlegen.

Abstand zum nächsten bzw. vorhergehenden Absatz

Formatieren Sie einen Absatz mit einem Abstand zum nachfolgenden Absatz und wurde der nächste Absatz mit einem Abstand zum vorhergehenden formatiert, so beachten Sie, dass die Abstände addiert werden.

Maßeinheiten

Als Standardmaßeinheiten verwendet Word je nach Formatierung Zentimeter (im Menü EXTRAS-OPTIONEN..., Register Allgemein festgelegt) oder Punkt (pt). Wollen Sie andere Maße verwenden, so müssen Sie mit der Zahl auch die Einheit mit angeben, also beispielsweise als Absatzabstand 2,3 cm. Die Werte werden von Word anschließend automatisch in die Standard-Maßeinheit umgerechnet.

Zur Absatzformatierung sind folgende Maßeinheiten zulässig:

Zentimeter (cm)	
Millimeter (mm)	
Zoll (")	1 " = 2,54 cm
Punkt (pt)	72 pt = 1 Zoll
Picas (pi)	6 pi = 1 Zoll
Zeilen (ze)	gilt nur für Zeilenabstand

Zulässige Maßeinheiten

Formatierung anzeigen

Zur besseren Information können Sie alle Formatierungen eines Absatzes im Aufgabenbereich einblenden. Klicken Sie dazu im Menü FORMAT auf den Befehl

Formatierung

FORMATIERUNG ANZEIGEN. Nach einem Mausklick in einen Absatz sehen Sie nun eine Zusammenfassung aller Formatierungen des aktuellen Absatzes.

anzeigen.

Format übertragen

Mit dem Symbol FORMAT ÜBERTRAGEN stellt Word eine Funktion zur Verfügung, mit der Sie schnell bestehende Formatierungen auf andere Textteile kopieren (übertragen) können.

Format übertragen / kopieren

So gehen Sie dabei vor:

1. Markieren Sie den Text, der bereits mit der gewünschten Formatierung formatiert wurde (Vorlage).

2. Klicken Sie auf das Symbol Format übertragen

Mauszeiger Format übertragen

3. Am Mauszeiger sehen Sie nun ein Pinselsymbol. Wenn Sie anschließend mit der Maus Text markieren, so wird dieser Text gleichzeitig mit dem Format der Vorlage formatiert.

Mit diesem Symbol können Sie sowohl Zeichenformate als auch Absatzformate übertragen. Ist kein Text markiert, während Sie auf das Symbol Format übertragen klicken, so kopieren Sie automatisch die gesamten Formatierungen des aktuellen Absatzes, also Zeichen- und Absatzformate. Haben Sie dagegen Zeichen markiert, so werden ausschließlich die Zeichenformatierungen übertragen.

Absatz- oder Zeichenformate übertragen.

Tipp:
Um nacheinander mehrere Stellen zu formatieren, aktivieren Sie das Übertragen dauerhaft mit Doppelklick auf das Symbol. Nun können Sie die Formatierung solange auf verschiedene Textstellen übertragen, bis Sie mit einem einfachen Mausklick auf das Symbol oder mit der ESC-Taste diese Funktion wieder beenden.

Format auf mehrere Textstellen übertragen

Formatierung löschen

Einfache Formatierungen wie unterstrichen, fett oder kursiv löschen Sie, indem Sie den Text markieren und mit einem Mausklick auf das entsprechende Symbol der Symbolleiste die Formate wieder entfernen.
Andere Formatierungen, wie beispielsweise Schriftart oder Schriftgröße können nicht einfach deaktiviert werden. Beim Löschen dieser Formatierungen setzen Sie die Formatierung wieder zurück auf die Standardeinstellungen, also die Standardschriftart und -größe.

Zum Löschen aller Zeichenformatierungen markieren Sie den Text und klicken in der Format-Symbolleiste auf den kleinen Pfeil neben dem linken Auswahlfeld und wählen anschließend den Befehl "Formatierung löschen" aus der Liste.

Formatierungen zurücksetzen.

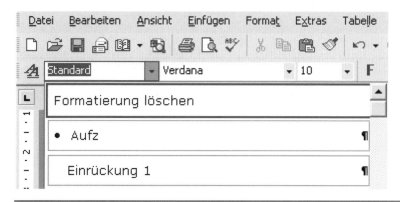

Ist kein Text markiert, so löschen Sie mit diesem Befehl auch alle Absatzformate des aktuellen Absatzes.

Zusammenfassung

- Neben den Abschnittsformaten mit den Seiteneinstellungen unterscheidet Word nach Zeichen- und Absatzformaten. Um Zeichen zu formatieren, muss Text vorher markiert werden. Absatzformate beziehen sich immer auf den gesamten aktuellen Absatz, hier genügt die Cursorposition, mehrere Absätze müssen dagegen wieder markiert werden.

- Zeichenformate fassen alle Formatierungsmöglichkeiten für Zeichen zusammen, die wichtigsten sind: Fett, Unterstrichen und Kursiv, sowie Schriftart und Schriftgröße.

- Absatzformate steuern die Ausrichtung zwischen dem linken und rechten Seitenrand, Einzüge (Einrückungen) gegenüber dem Seitenrand, sowie Zeilen- und Absatzabstände.

- Ein Einzug bedeutet, der Absatz wird gegenüber dem linken oder rechten Seitenrand eingerückt, Sondereinzüge legen zusätzlich den Einzug für die erste Zeile fest.

- Mit Hilfe des Symbols „Format übertragen" können Sie die Formatierung des aktuellen Absatzes oder der markierten Zeichen auf einen anderen Text kopieren.

Übung

Starten Sie Microsoft Word mit einem neuen, leeren Dokument und speichern Sie das Dokument unter dem Namen **Reiseplan.doc**. Geben Sie anschließend ab der Cursorposition folgenden Text ein:

Beachten Sie, dass der Zeilenumbruch in der Vorlage nicht mit Ihrem Dokument übereinstimmt, sondern abhängig ist von den Seitenrändern und der verwendeten Schriftart und -größe.

Formatieren Sie <u>nach der Eingabe</u> den Text so, dass er etwa der Vorlage entspricht (als Standardschrift wurde Comic Sans MS, 11 pt verwendet).

EIN KULTUR WOCHENENDE IN WIEN

Reiseziel:
Die Perle an der Donau, gleichermaßen bekannt für Musikerlebnisse, Wiener Charme und kaiserliche Pracht ist immer eine Reise wert. Die Walzer- und Musical-Metropole Wien mit Stephansdom, Hofburg, Schloß Schönbrunn oder dem Schloß Belvedere begeistert Alt und Jung gleichermaßen.

Verlauf:
1. Tag: Anreise von München über Salzburg nach Wien. Ankunft gegen Mittag. Anschließend Zeit zur freien Verfügung in der Innenstadt von Wien. Abends Musical-Vorstellung (Abendvorstellung).

2. Tag: Nach dem Frühstück starten wir zu einer Stadtbesichtigung mit Führung. Mittagspause in Wien. Anschließend wieder Zeit zur freien Verfügung oder Fahrt nach Schönbrunn und Möglichkeit zur Besichtigung der Schlossanlagen. Nachmittags Rückfahrt über Melk nach München. Ankunft bei normalen Verkehrsverhältnissen gegen 22 Uhr.

Leistung:
Fahrt im modernen, klimatisierten Reisebus, 1 x Übernachtung mit Frühstück im 4-Sterne-Hotel in Wien, Zimmer mit Dusche/WC.

2 Tage   **105 Euro**

Im Preis nicht enthalten sind Eintrittspreise und Trinkgelder.

Lösungshinweise - So gehen Sie vor

AutoFormat während der Eingabe:

Während des Schreibens kann sich unter Umständen die AutoFormat Funktion von Word bemerkbar machen: wenn Sie einen Absatz mit 1. beginnen, dann erhält nach dem Beenden dieses Absatzes mit der RETURN-Taste der nächste Absatz automatisch die Nummer 2. Soll keine automatische Nummerierung erfolgen, so machen Sie AutoFormat entweder sofort rückgängig oder deaktivieren die Nummerierung mit einem Mausklick auf das Symbol.

Nummerierung

Schrift

Um den gesamten Text in der angegebenen Schriftart zu formatieren, markieren Sie zunächst das gesamte Dokument mit der Tastenkombination STRG+A (oder mit der Maus) und wählen in der Symbolleiste die Schriftart Comic Sans MS aus, anschließend klicken Sie noch im Auswahlfeld Schriftgröße auf 11 pt.

Die Auswahlfelder Schriftart, Schriftgröße sowie die Symbole fett, kursiv und unterstrichen in der Format-Symbolleiste

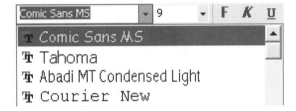

Überschrift

Um die Überschrift weiter zu formatieren, markieren Sie den Text und wählen in der Symbolleiste als Schriftart Arial und als Schriftgröße 16 pt. Nun formatieren Sie den markierten Text noch in Kapitälchen. Dazu öffnen über das Menü FORMAT das Dialogfenster ZEICHEN, Register Schrift und aktivieren das entsprechende Kontrollkästchen.
Anschließend zentrieren Sie noch die Überschrift indem Sie auf das Symbol ZENTRIERT in der Format-Symbolleiste klicken. Da die Ausrichtung zu den Absatzformaten zählt, genügt es, wenn sich der Cursor im Absatz, also in der Überschriftzeile befindet.

Die Absatzausrichtungen linksbündig, zentriert, rechtsbündig und Blocksatz

Das Symbol Schriftfarbe

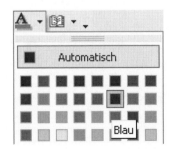

Beschreibungstexte

Die Wörter Reiseziel, Verlauf und Leistung sollen fett und in blauer Schriftfarbe formatiert werden. Markieren Sie dazu die Wörter nacheinander mit gedrückter STRG-Taste (Mehrfachmarkierung) und klicken auf das Symbol FETT und anschließend auf den Auswahlpfeil des Symbols Schriftfarbe und wählen hier die Farbe blau. Sie können aber auch zunächst eines der Wörter formatieren und anschließend das Format übertragen.

Markieren Sie als nächstes die Texte *1. Tag* und *2. Tag* und klicken nacheinander auf die Symbole fett und unterstrichen.

Um den Absatz mit der Beschreibung des Reiseziels kursiv zu formatieren markieren Sie wiederum den gesamten Absatz und klicken auf das Symbol KURSIV der Format-Symbolleiste.

Da dieser Absatz gegenüber dem rechten Seitenrand etwas eingerückt ist, versehen Sie ihn noch mit einem rechten Einzug. Dazu genügt es wieder, wenn sich der Cursor im Absatz befindet. Öffnen Sie über das Menü FORMAT das Dialogfenster ABSATZ, Register Einzüge und Abstände und geben Sie unter Einzug rechts das gewünschte Maß (etwa 3 cm ein). Anschließend wählen Sie im geöffneten Dialogfenster noch die Ausrichtung Blocksatz.

Auch im Lineal können Sie den rechten Einzug mit der Maus ändern: verschieben Sie einfach die dreieckige Marke am rechten Seitenrand.

Das Dialogfenster Absatz mit dem rechten Einzug

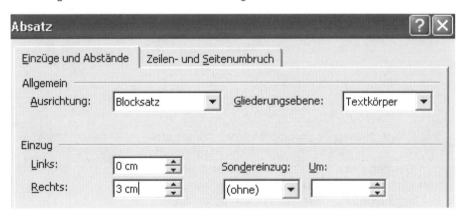

Der nächste Absatz mit der Beschreibung des ersten Reisetages erhält als Ausrichtung Blocksatz und einen linken Einzug. Dazu finden Sie in der Format-Symbolleiste das Symbol EINZUG VERGRÖSSERN, mit jedem Mausklick vergrößern Sie den Einzug um 1,25 cm.

Die Symbole Einzug vergrößern und Einzug verkleinern

Positionieren Sie nun den Cursor im nächsten Absatz (2. Tag) und klicken wieder mehrmals auf das Symbol EINZUG VERGRÖSSERN.

Die Leistungsbeschreibung formatieren Sie wieder im Blocksatz ohne Einzüge.

Preis und Dauer werden fett formatiert.

Der letzte Absatz erhält Schriftgröße 8 pt und dunkelgraue Schriftfarbe.

Tabulatoren und Tabellen

In dieser Lektion lernen Sie...

- Arbeiten mit Tabulatoren
- Einfügen, Bearbeiten und Formatieren von Tabellen

Was Sie für diese Lektion wissen sollten:

- Text eingeben und markieren
- Einfache Absatz- und Zeichenformate

ca. 60 Min.

Tabstopps sind vorgegebene Positionen, die Sie mit der Tabulator-Taste auf der Tastatur ansteuern. Mit ihrer Hilfe lässt sich während der Eingabe Text schnell in Spalten ausrichten. Zur Eingabe und Gestaltung von größeren Tabellen sollten Sie besser mit Tabellen arbeiten.

Was sind Tabstopps?

Wichtig: Erzeugen Sie Abstände zwischen Spalten nicht mit Leerzeichen. Meist wird in Word eine Proportionalschrift verwendet, das bedeutet die Zeichen haben unterschiedliche Breite, über mehrere Zeilen ist daher keine exakte Ausrichtung von Spalten untereinander möglich. Auch bei nachträglichen Textkorrekturen oder einer Änderung von Schriftart und Schriftgröße gerät Ihre Tabelleneinteilung aus den Fugen.

Tabstopps und Tabellen verwenden Sie zur Ausrichtung von Text in Spalten.

> **Erzeugen Sie Abstände im Text nicht mit Leerzeichen sondern mit Tabstopps oder Tabellen.**

Tabulatoren

Standard-Tabstopps

Wenn Sie keine Tabstopps festgelegt haben, verwendet Word Standard-Tabstopps in Abständen von 1,25 cm. Drücken Sie auf der Tastatur die Tabulator-(Tab) Taste, so bewegen Sie den Cursor bis zum nächsten Standard-Tabstopp. Um größere Zwischenräume im Text zu erzeugen, drücken Sie mehrmals die Tabulator-Taste. Bei eingeblendeten Steuerzeichen sehen Sie als Tabulator-Zeichen kleine schwarze Pfeile.

Standard-Tabstopps im Abstand von 1,25 cm.

```
Bauer→  →      →  Franz→  →   0941-70056¶
Huber→  →      →  Karl-Heinz →  0851-70122¶
Hintertupfinger →  Emil→  →   09781-1120¶
¶
```

¶

Steuerzeichen einblenden / ausblenden.

Tabstopp setzen

Sie können jedoch anstelle der Standard-Tabstopps auch selbst Tabstopps an beliebiger Stelle setzen. Ein Tabstopp beispielsweise bei 8 cm bewirkt, dass bis zu dieser Position automatisch alle Standard-Tabstopps aufgehoben werden, mit dem einmaligen Drücken der Tabulator-Taste springt der Cursor an die Tabulatorposition. Wurden dahinter keine weiteren Tabstopps festgelegt, so verwenden Sie wieder die Standard-Tabstopps.

Beachten Sie, dass Tabstopps zu den Absatzformatierungen zählen, zusammen mit dem jeweiligen Absatz gespeichert werden und daher immer nur für einen oder mehrere Absätze Gültigkeit besitzen. Wenn Sie einen Tabstopp setzen, so gilt dieser für den aktuellen oder alle markierten Absätze.

Tabstopps beziehen sich auf Absätze.

Lineal muss sichtbar

Tabstopp mit Hilfe des Lineals setzen

sein!

Am schnellsten und einfachsten setzen Sie Tabstopps mit Hilfe des Lineals. Sollte das Lineal nicht sichtbar sein, so blenden Sie es über das Menü ANSICHT–LINEAL ein. Beachten Sie jedoch, dass die Standard-Tabstopps im Lineal nicht sichtbar sind. Zunächst wählen Sie die Ausrichtung des Tabstopps.

Tabstopp-Ausrichtung

Tabstopp-Ausrichtung wählen

Die Ausrichtung eines Tabstopps legt fest, wie Text an der Tabulatorposition ausgerichtet wird. Verwenden Sie die Standard-Tabstopps so wird der Text immer linksbündig an der jeweiligen Position ausgerichtet. Sie können beim Festlegen von Tabstopps jedoch auch eine andere Ausrichtung wählen:

Am linken Rand des Lineals sehen Sie eine kleine Schaltfläche mit einem der folgenden Symbole. Klicken Sie mit der linken Maustaste mehrmals auf das Symbol, so zeigt Word nacheinander die verschiedenen Ausrichtungen an.

L	Linksbündig
⊥	Zentriert, der Text wird an der Tabulatorposition zentriert
⌐	Rechtsbündig
⊥	Dezimal, bei Zahlen wird das Dezimaltrennzeichen, das Komma an der Tabulatorposition ausgerichtet

1. Wählen Sie zuerst eine Ausrichtung, indem Sie mit der Maus auf das Symbol klicken bis die gewünschte Ausrichtung erscheint.

2. Klicken Sie nun mit der Maus im Lineal an die gewünschte Position. Sie sehen an dieser Stelle ein Tabstopp-Symbol.

3. Weitere Tabstopps setzen Sie, indem Sie genauso verfahren, wählen Sie die nächste Ausrichtung und klicken Sie im Lineal auf die gewünschte Position. In diesem Beispiel sehen Sie im Lineal einen linksbündigen Tabstopp bei 3 cm und einen weiteren, rechtsbündigen bei 6 cm.

Das Lineal zeigt immer nur die Tabstopps des aktuellen Absatzes.

⚠️ Tabstopps immer für den aktuellen Absatz sichtbar.

Tabstopps bei der Eingabe übernehmen

Tabstopps übernehmen

Da Sie bei der Eingabe durch Drücken der RETURN-Taste alle Absatzformate in den nächsten Absatz übernehmen, genügt es, Tabstopps für den aktuellen Absatz festzulegen. Wenn Sie mit der Eingabe fortfahren, übernehmen Sie automatisch alle Tabstopps.

<u>Tabstopps bearbeiten</u>

Tabstopps die Sie festgelegt haben, können Sie auch jederzeit nachträglich verschieben oder löschen. Beachten Sie aber, dass auch nachträgliche Änderungen an Tabstopps immer nur für den aktuellen oder für markierte Absätze gelten, Sie müssen also eventuell vorher mehrere Absätze markieren.

Bei nachträglichen Änderungen vorher Absätze markieren!

Löschen

Nicht mehr benötigte Tabstopps löschen Sie, indem Sie das Tabstopp-Zeichen aus dem Lineal heraus einfach mit gedrückter linker Maustaste **nach unten** ziehen. Sollten sich im Text Tabulatorzeichen befinden, so gelten für diese automatisch wieder die Standard-Tabstopps.

Verschieben

Ein bestehender Tabstopp kann im Lineal mit der Maus auch verschoben werden: Bewegen Sie den Mauszeiger im Lineal auf das Tabulatorzeichen, und ziehen Sie es mit gedrückter linker Maustaste **innerhalb** des Lineals nach rechts oder links.

Auch beim Verschieben gilt: Wenn Sie Tabstopps für mehrere Absätze gleichzeitig verschieben wollen, so müssen Sie diese Absätze vorher markieren.

Tipp: Wenn Sie beim Verschieben eines Tabstopps gleichzeitig die ALT-Taste drücken erscheint im Lineal zusätzlich die exakte Maßangabe in Zentimeter und Sie können genauer positionieren.

Das Dialogfenster Tabstopp

Eine genauere Positionierung von Tabstopps ermöglicht das Dialogfenster **Tabstopp**. Sie öffnen das Dialogfenster entweder über das Menü FORMAT-TABSTOPP... oder durch Doppelklick auf einen Tabstopp im Lineal.

Falls Sie für den aktuellen Absatz, bzw. die markierten Absätze bereits Tabstopps gesetzt haben, so sehen Sie diese in der Liste der Tabstopppositionen:

Um einen neuen Tabstopp hinzuzufügen geben Sie zuerst die Position ein, wählen dann die Ausrichtung und klicken abschließend auf die Schaltfläche FESTLEGEN. Damit können Sie nacheinander auch mehrere Tabstopps festlegen.

Um einen Tabstopp zu **löschen**, markieren die die entsprechende Position in der Liste und klicken auf die Schaltfläche LÖSCHEN. Die Schaltfläche ALLE LÖSCHEN entfernt alle Tabstopps aus dem markierten Absatz.

Füllzeichen

Über das Dialogfenster Tabstopps können Sie zusätzlich den Abstand bis zur nächsten Tabulatorposition automatisch mit Füllzeichen überbrücken. Dazu geben Sie die Position ein oder markieren einen bestehenden Tabstopp in der Liste und wählen ein Füllzeichen aus, bevor Sie auf die Schaltfläche FESTLEGEN klicken.

Dialogfenster
Tabstopp

1. Position eingeben

2. Ausrichtung

3. Festlegen

Füllzeichen bis zur
nächsten
Tabulatorposition

Ein Beispiel für dezimale Tabstopps mit Füllzeichen:

```
Pizza ...............→............. 5,60·€¶
Schnitzel ...........→.......... 8,20·€¶
¶
```

Tabellen

Tabellen sind in Word eine wichtige und flexible Möglichkeit für die Eingabe und Gestaltung von Dokumenten. Eine Tabelle kann Text, Zahlen und Grafik enthalten. Alle bisher beschriebenen Möglichkeiten von Tabulatoren, mit Ausnahme der Füllzeichen stehen Ihnen auch zur Verfügung, wenn Sie mit Tabellen arbeiten. Das Menü TABELLE stellt umfangreiche Befehle zum Einfügen und Bearbeiten von Tabellen zur Verfügung.

Word kennt verschiedene Möglichkeiten, eine Tabelle einzufügen:

Tabelle zeichnen oder Tabelle einfügen.

- Eine Tabelle zeichnen

- Über das Menü TABELLE bzw. über das Symbol einfügen.

Beim Einfügen einer Tabelle sollten Sie wissen, wie viele Spalten Sie benötigen. Dagegen genügen meist ein oder zwei Zeilen, da während der Eingabe beliebig Zeilen an eine Tabelle angefügt werden können. Eine Tabelle kann auch nachträglich um weitere Spalten ergänzt werden.

Zeilen werden bei der Eingabe an eine Tabelle angefügt!

Symbolleiste Tabellen und Rahmen
Zum Erstellen und Bearbeiten von Tabellen stellt Word zusätzlich zum Menü eine eigene Symbolleiste zur Verfügung die Sie entweder über das Menü ANSICHT oder das Symbol "Tabellen und Rahmen" einblenden.

Symbolleiste Tabellen und Rahmen einblenden

Tabelle einfügen
Tabellen werden immer an der Cursorposition eingefügt, daher sollte sich beim Einfügen einer Tabelle der Cursor in einem leeren Absatz befinden, anschließend gehen Sie wie folgt vor:

Klicken Sie mit der Maus auf das Symbol "Tabelle einfügen" in der Symbolleiste. Unterhalb der Schaltfläche öffnet sich eine kleine Tabelle.

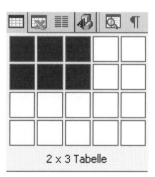

2 x 3 Tabelle

Tabelle einfügen

Ziehen Sie nun mit gedrückter linker Maustaste über die gewünschte Anzahl an Spalten und Zeilen. Sobald Sie die Maustaste loslassen, wird die Tabelle in Ihr Dokument eingefügt. (Sie können auch nur den Mauszeiger über Zeilen und Spalten bewegen und in die untere rechte Ecke klicken). In diesem Beispiel wird eine Tabelle aus zwei Zeilen und drei Spalten eingefügt.

Eine andere Variante bietet der Menübefehl TABELLE-EINFÜGEN TABELLE... über den Sie die Anzahl der Spalten und Zeilen in ein Feld eingeben.
Über die optimale Breite steuern Sie die Spaltenbreiten. Die Standardeinstellung "Feste Spaltenbreite - Auto" bedeutet, die eingefügte Tabelle nimmt die gesamte Breite einer Zeile zwischen linkem und rechtem Seitenrand ein, wobei alle Spalten die gleiche Breite erhalten.

> **Tipp: Am besten behalten Sie zunächst die Standard-Einstellung bei, - nachträgliche Änderungen sind jederzeit möglich.**

Hinweis: Die optimale Breite, angepasst an das Fenster eignet sich nur für die Erstellung von Webseiten und sollte daher nicht in normalen Word-Dokumenten verwendet werden.

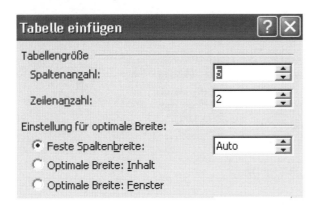

Beispiel: Eine Tabelle mit der festen Spaltenbreite Auto:

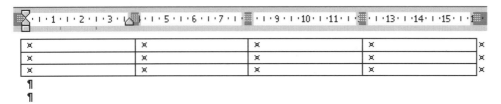

Eingeben und Bewegen in Tabellen

Zur Eingabe klicken Sie mit der Maus in die erste Zelle der Tabelle. Passt der Text nicht in die Spalte, so erfolgt **innerhalb der Zelle** ein automatischer Zeilenumbruch. Mit Drücken der RETURN-Taste fügen Sie innerhalb einer Zelle einen neuen Absatz ein. Die Zeilenhöhe passt sich dabei automatisch an.

RETURN Taste: neuer Absatz innerhalb einer Zelle

- Nach rechts zur nächsten Zelle gelangen Sie mit der Tabulator-Taste, mit den Tasten Umschalt-Tab bewegen Sie den Cursor wieder nach links, zurück in die letzte Zelle.

Tabulator Taste: nächste Zelle

- Am Ende einer Zeile setzen Sie mit der Tab-Taste den Cursor an den Anfang der nächsten Zeile.

- Drücken Sie am Ende der letzten Zeile einer Tabelle die Tab-Taste, so wird automatisch eine weitere Zeile angefügt und Sie können mit der Eingabe fortfahren.

Anfügen weiterer Zeilen.

Mehrzeiliger Text und automatischer Zeilenumbruch in einer Zelle:

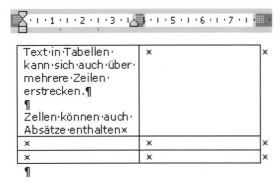

Tasten zum Eingeben und Bewegen in einer Tabelle

Befehl	Taste / Tastenkombination
Nächste Zelle rechts	Tab
Nächste Zelle links	Umschalt + Tab
Neuer Absatz innerhalb der Zelle	RETURN
Zeilen anfügen	Tab (nur, wenn sich der Cursor in der letzten Zelle befindet).

Markieren in einer Tabelle

Zeile markieren	Klicken Sie **links** neben eine Tabellenzeile, durch Ziehen markieren Sie auch mehrere Zeilen.	⇗
Spalte markieren	Positionieren Sie den Mauszeiger **über der ersten Zeile einer Spalte**, bis ein kleiner, nach unten zeigender Pfeil erscheint. Klicken Sie dann, um eine Spalte zu markieren. Durch Ziehen mit gedrückter Maustaste können Sie auch mehrere Spalten markieren.	↓
Zelle markieren	Positionieren Sie den Mauszeiger in der **unteren, linken Ecke** einer Zelle bis ein diagonaler Schwarzer Pfeil erscheint. Mit einem Mausklick markieren Sie nun die Zelle. Mit gedrückter Maustaste markieren Sie mehrere Zellen.	↱
Gesamte Tabelle	Bewegen Sie die Maus über eine Tabelle so erscheint in der **oberen linken Ecke** dieser Tabelle diese Markierung. Klicken Sie auf das Kästchen, um die gesamte Tabelle zu markieren.	⊞

Zeilen und Spalten einfügen

Zum nachträglichen Einfügen von Spalten oder Zeilen an beliebiger Stelle innerhalb einer Tabelle stellt Word den Menübefehl TABELLE-EINFÜGEN... zur Verfügung, im Untermenü finden Sie verschiedene Möglichkeiten:

Menü TABELLE-EINFÜGEN

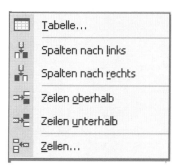

Zusätzliche Spalten werden entweder links oder rechts von der aktuellen Spalte, also derjenigen Spalte in der sich der Cursor gerade befindet eingefügt, Zeilen oberhalb oder unterhalb der aktuellen Zeile.

Achten Sie beim Einfügen auf die Cursorposition!

Zeilen, Spalten, Tabelle löschen

Wenn Sie eine Zeile oder Spalte markieren und die Taste ENTF drücken, so löschen Sie ausschließlich den Inhalt, bzw. Text, nicht aber die vollständige Zeile oder Spalte. Um die aktuelle Spalte oder Zeile vollständig aus einer Tabelle zu entfernen, müssen Sie den Menübefehl TABELLE-LÖSCHEN verwenden: wählen Sie im Untermenü unter verschiedenen Möglichkeiten. In diesem Untermenü finden Sie auch den Befehl zum Löschen der gesamten Tabelle.

Aktuelle Zeile oder Spalte löschen.

Eine andere Möglichkeit zum vollständigen Löschen von markierten Zeilen oder Spalten bietet die Korrektur-Taste der Tastatur.

Spaltenbreite und Zeilenhöhe

Wenn Sie eine Tabelle mit den Standardeinstellungen einfügen, so hat jede Spalte zunächst die gleiche Breite. Passt der eingegebene Text nicht in eine Zelle, so erfolgt ein **Zeilenumbruch** innerhalb der Zelle. In den meisten Fällen ist es während oder nach der Texteingabe erforderlich, die Spaltenbreite zu ändern. Die Höhe der Zeilen wird dagegen meist automatisch angepasst und ändert sich auch, wenn Sie eine größere oder kleinere Schrift wählen.

So gehen Sie dabei vor:

1. Zeigen Sie mit der Maus genau auf die Trennlinie zwischen zwei Spalten, bis der Mauszeiger die Form eines Doppelpfeils annimmt: Mit gedrückter linker Maustaste ziehen Sie die Breite der Spalte nach links oder rechts, die gesamte Breite der Tabelle wird dabei nicht verändert.

Spaltenbreite ändern

2. Verändern Sie ebenso die Breite aller weiteren Spalten auf die gewünschte Breite.

> **Achten Sie beim Ziehen darauf, dass keine einzelne Zelle markiert ist, da Sie sonst nur die Breite der markierten Zelle verändern!**

Tipp: Wenn Sie beim Verändern der Spaltenbreite bei gedrückter linker Maustaste gleichzeitig die ALT-Taste drücken, wird im Lineal die exakte Spaltenbreite angezeigt.

Für die Zeilenhöhe gelten die gleichen Möglichkeiten. Beachten Sie aber, dass Sie die Linie **unterhalb einer Zeile** nach oben oder unten verschieben müssen um die Höhe zu ändern.

Zusätzliche Möglichkeiten zur Festlegung der Spaltenbreite finden Sie im Menü TABELLE–AUTOANPASSEN. Das Untermenü enthält folgende Befehle:

AutoAnpassen

AutoAnpassen an Inhalt	Die Spaltenbreiten werden automatisch an die Textbreite angepasst.
Größe an Fenster anpassen	Sollte ausschließlich für die Bearbeitung von Tabellen in Webseiten verwendet werden (siehe Ansicht Weblayout)
Feste Spaltenbreite	Die Spaltenbreiten werden während der Texteingabe nicht mehr automatisch angepasst.
Zeilen gleichmäßig verteilen	Alle markierten Zeilen erhalten die gleiche Höhe.
Spalten gleichmäßig verteilen	Alle markierten Spalten erhalten die gleiche Breite.

Zeilen gleichmäßig verteilen

Spalten gleichmäßig verteilen

Benötigen Sie exakte Spaltenbreiten und Zeilenhöhen, so verwenden Sie den Menübefehl TABELLE-TABELLENEIGENSCHAFTEN. In den Registern Zeile bzw. Spalte sind auch millimetergenaue Maßangaben möglich.

Genaue Maßangaben

Gitternetzlinien

Unabhängig davon, ob Sie eine Tabelle mit oder ohne Rahmenlinien drucken wollen, verwendet Word zur Anzeige von Tabellen am Bildschirm ein Hilfsgitternetz das Sie mit dem Menübefehl TABELLE-GITTERNETZLINIEN AUSBLENDEN / EINBLENDEN steuern können. Dieses Gitternetz erleichtert die Bearbeitung der Tabelle (Linien verschieben) und erscheint nicht auf dem Ausdruck.

Gitternetz zur Anzeige von Tabellen

> **Sie sollten mit eingeblendetem Gitternetz arbeiten, da Sie so die Spaltenbreite und Zeilenhöhe einfacher mit der Maus bearbeiten können.**

Tabelle verschieben

Sie können eine Tabelle mit der Maus auch an eine andere Position verschieben: Bewegen Sie die Maus über die Tabelle, so erscheint in der oberen linken Ecke ein Symbol.

Die gesamte Tabelle verschieben.

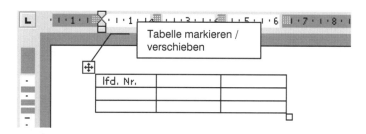

Tabelle markieren / verschieben

Dieses Symbol dient nicht nur dazu, mit einem Mausklick die gesamte Tabelle zu markieren, Sie können damit auch die Tabelle verschieben. Positionieren Sie den Mauszeiger auf dem Symbol und ziehen Sie mit gedrückter linker Maustaste die Tabelle an die gewünschte Position.

Hinweis: Sie können eine Tabelle nur in der Ansicht Seitenlayout verschieben, dieses Symbol erscheint nicht, wenn Sie in der Ansicht Normal arbeiten!

Nur in der Ansicht Seitenlayout

Tabelle formatieren

Eine schnelle Möglichkeit zum Formatieren von Tabellen finden Sie mit dem Befehl AUTOFORMAT FÜR TABELLEN... im Menü TABELLE. Wählen Sie unter den verschiedenen Vorlagen die gewünschte Formatierung.

Autoformat für Tabellen

Sie können aber auch eine Tabelle individuell formatieren, entweder mit Hilfe der Format-Symbolleiste, über das Menü FORMAT oder Sie blenden dazu die Symbolleiste Tabellen und Rahmen ein (Menü ANSICHT oder Symbol).

Symbolleiste Tabellen und Rahmen

Sie können alle bekannten Zeichen- und Absatzformate verwenden, müssen jedoch zuvor Zellen oder die gesamte Tabelle markieren. Mit der Ausrichtung, beispielsweise zentriert, richten Sie in Tabellen Text oder Zahlen immer innerhalb der aktuellen Zelle oder der markierten Spalte aus. Daneben benötigen Sie für die Formatierung von Tabellen noch Rahmenlinien und Hintergrundfarbe.

Rahmen

Standardmäßig wird eine Tabelle zusammen mit einfachen Rahmenlinien eingefügt und auch so gedruckt. Wünschen Sie andere Linienarten, Rahmenlinien nur an bestimmten Stellen oder soll die Tabelle ohne Rahmen gedruckt werden, so müssen Sie die Tabelle formatieren. Für die schnelle Formatierung markieren Sie die gesamte Tabelle oder einzelne Zellen und klicken auf den Listenpfeil des Symbols Rahmenlinien in der Symbolleiste. Mit einem Mausklick übernehmen Sie eine Linienvariante auf die markierten Zellen. Wollen Sie eine Tabelle ohne Rahmenlinien drucken, so entfernen Sie mit dem Symbol "kein Rahmen" alle Rahmenlinien von der Tabelle, in diesem Fall sehen Sie am Bildschirm nur noch das graue Hilfsgitternetz.

Tabelle ohne Rahmenlinien drucken

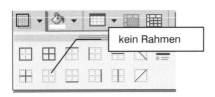

> **Die Formatierung mit Rahmenlinien bezieht sich immer auf die markierten Zellen!**

Weitergehende Möglichkeiten bietet der Menübefehl FORMAT-RAHMEN UND SCHATTIERUNG... Wählen Sie die Linienart und eventuell auch eine Farbe. Abhängig von der gewählten Linienart bietet Word darunter noch verschiedene Breiten an.

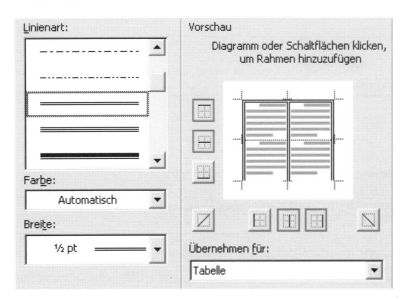

Rahmenlinien in der Vorschau bearbeiten.

Zusätzlich zu den Standard-Einstellungen wie Alle Linien, Kontur und Gitternetz können Sie hier in der Vorschau auch einzelne Rahmenlinien gezielt hinzufügen. Klicken Sie dazu direkt in der Vorschau an die gewünschte Position der Rahmenlinie; ein weiterer Mausklick entfernt die Linie wieder. Sie können aber auch die Symbole neben und unterhalb der Vorschau verwenden.

Schattierung

Um die markierten Zellen mit einer Hintergrundfarbe (**Schattierung**) zu formatieren, wählen Sie ebenfalls den Menübefehl FORMAT-RAHMEN UND SCHATTIERUNG..., Register Schattierung. Die Schattierung entfernen Sie wieder, indem Sie "Kein Inhalt" wählen.

Schattierungsfarbe wählen.

Auch in der Symbolleiste Tabellen und Rahmen finden Sie ein Symbol Schattierungsfarbe.

Textausrichtung

Innerhalb einer Tabelle können Sie Ihrem Text alle gewohnten Zeichenformate zuweisen. Absatzformate wie die Ausrichtung beziehen sich in einer Tabelle immer auf die Ausrichtung innerhalb einer Zelle. Mit den entsprechenden Symbolen der Format-Symbolleiste ändern Sie die horizontale Ausrichtung.

Vertikale Ausrichtung

Standardmäßig wird Text nicht nur linksbündig sondern auch am oberen Rand einer Zelle ausgerichtet. Die vertikale Ausrichtung ändern Sie entweder im Menü TABELLE-TABELLENEIGENSCHAFTEN..., Register Zelle oder über das entsprechende Symbol der Symbolleiste Tabellen und Rahmen.

Vertikale
Textausrichtung

<u>Zellen teilen und verbinden</u>

Benötigen Sie eine gemeinsame Überschrift über mehrere Spalten, so können Sie innerhalb einer Tabelle mehrere Zellen zu einer einzigen verbinden. Dazu markieren Sie die entsprechenden Zellen und verwenden entweder den Menübefehl TABELLE-ZELLEN VERBINDEN, bzw. das Kontextmenü oder klicken in der Symbolleiste Tabellen und Rahmen auf das Symbol.

Zellen verbinden

Um die aktuelle Zelle in zwei oder mehr Zellen aufzuteilen, klicken Sie entweder auf das Symbol oder den Menübefehl TABELLE-ZELLEN TEILEN... und geben an, wie viele Spalten, eventuell auch Zeilen Sie benötigen.

Zellen teilen

Tabelle zeichnen

Eine weitere Möglichkeit eine Tabelle zu erstellen, besteht darin, dass Sie die Tabelle zeichnen. Dazu benötigen Sie die Symbolleiste Tabellen und Rahmen, die Sie entweder über den Menübefehl ANSICHT-SYMBOLLEISTEN oder das Symbol einblenden.

Tabelle zeichnen

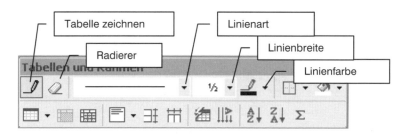

Wenn Sie auf das Symbol "TABELLE ZEICHNEN" klicken, so nimmt der Mauszeiger die Form eines Stiftes an und Sie können mit dem Zeichnen beginnen. Wählen Sie die gewünschte Linienart und beginnen Sie immer mit dem äußeren Rahmen, bevor Sie eine weitere Aufteilung in Spalten und Zeilen vornehmen.
Ein weiterer Mausklick auf das Symbol ZEICHNEN beendet das Zeichnen wieder. Mit dem Radierer können gezeichnete Linien auch wieder entfernt werden.

Tabelle zeichnen

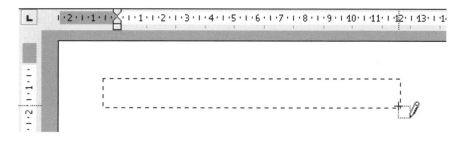

Beginnen Sie mit
dem äußeren
Rahmen.

Tipp: Während der Eingabe können Sie mit der Tab-Taste nicht nur weitere Zeilen an die Tabelle anfügen, Sie übernehmen damit auch automatisch die Formatierung der letzten Zeile. Es genügt also, wenn Sie die erste oder die ersten beiden Zeilen einer Tabelle zeichnen.

Formatierung der
letzten Zeile
übernehmen

Zusammenfassung

- Zum Überbrücken größerer Abstände im Text und zum exakten Ausrichten in Spalten können Sie in Word Tabulatoren oder Tabellen verwenden. Mit der Tabulator-Taste bewegen Sie den Cursor bis zur nächsten Tabstopp Position. Dies können entweder die Standard Tabstopps in Abständen von 1,25 cm oder auch beliebige, individuell gesetzte Tabstopps sein.

- Tabstopps gelten immer nur für Absätze, werden aber mit dem Drücken der RETURN Taste in die nachfolgenden Absätze mit übernommen. Beim Setzen von Tabstopps können Sie sowohl die Ausrichtung als auch Füllzeichen festlegen. Tabstopps können nachträglich mit der Maus verschoben oder gelöscht werden.

- Tabellen sind die flexibelste Möglichkeit der Textausrichtung. In einer Tabelle können Sie nicht nur alle Absatz- und Zeichenformatierungen anwenden, sondern die Tabelle auch mit Rahmenlinien und/oder Hintergrundschattierung formatieren.

- Sie können entweder eine Tabelle mit der benötigten Anzahl an Spalten und Zeilen mit einer festen Spaltenbreite einfügen oder eine Tabelle zeichnen. Während der Eingabe verwenden Sie die Tab-Taste, um den Cursor in die nächste Zelle zu setzen und um am Ende der Tabelle weitere Zeilen anzufügen. Drücken Sie dagegen in einer Zelle die RETURN-Taste, so fügen Sie innerhalb der Zelle einen neuen Absatz ein.

- Das Menü TABELLE und die Symbolleiste TABELLEN UND RAHMEN stellen eine Reihe von Befehlen zum Bearbeiten und Formatieren von Tabellen zur Verfügung.

- Die Spaltenbreite und Zeilenhöhe ändern Sie entweder mit der Maus direkt in der Tabelle oder, wenn Sie genaue Maße benötigen, in den Tabelleneigenschaften.

- Zur besseren Bearbeitung von Tabellen verwendet Word ein Gitternetz. Dieses Gitternetz wird im Gegensatz zu den Rahmenlinien nicht gedruckt und kann über das Menü TABELLE ein- und ausgeblendet werden.

Übung - Tabellen

Starten Sie Microsoft Word mit einem neuen leeren Dokument und speichern Sie es unter dem Namen **Preisliste.doc**. Erfassen und formatieren Sie eine Preisliste nach dieser Vorlage:

Unsere aktuellen Sonderangebote
gültig von 1. bis 15. August

Bestell-Nr.	Artikel-Bezeichnung	Sonderpreis
01244	**Gartenzwerg Benjamin**, wetterfest, Höhe 56 cm	26,50
05777	**Exklusive Gartenbank**, Modell "Neuschwanstein", massive Kiefer, Breite 195 cm	114,00
78990	**Standfester Edelstahlgrill** mit Zubehör, Modell "Patagonien", Höhe 85 cm	89,90
Alle Preise inkl. MwSt., ohne Lieferung.		

Lösungshinweise - So gehen Sie vor

Texteingabe
Fügen Sie entweder über das Symbol der Symbolleiste oder den Menübefehl Tabelle-Einfügen an der Cursorposition eine Tabelle mit drei Spalten ein, Sie benötigen vorerst nur eine oder zwei Zeilen. Anschließend geben Sie Text und Zahlen in die Tabelle ein, mit der Tab-Taste bewegen Sie den Cursor jeweils in die nächste Zelle und fügen während der Eingabe weitere Zeilen hinzu. Bei längeren Texten erfolgt innerhalb der Zelle ein automatischer Zeilenumbruch, verwenden Sie die RETURN-Taste, um nach der Artikelbezeichnung in der nächsten Zeile mit der Beschreibung fortzufahren.

Ändern der Spaltenbreite
Zeigen Sie mit der Maus auf die senkrechte Trennlinie zwischen der ersten und zweiten Spalte, wenn als Mauszeiger ein Doppelpfeil erscheint können Sie die Trennlinie nach links verschieben und so die Breite der ersten Spalte verringern. Gleichzeitig wird damit die zweite Spalte breiter. Verschieben Sie anschließend die Trennlinie zwischen der zweiten und dritten Spalte nach rechts, die Gesamtbreite der Tabelle wird damit nicht verändert.

Verändern der Spaltenbreite:

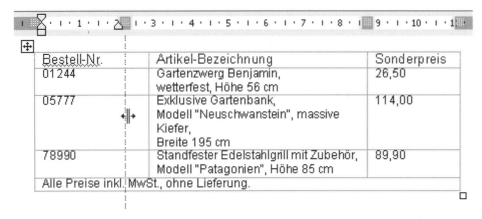

Zellen verbinden

In der letzten Zeile sollten Sie die drei Zellen miteinander verbinden, bevor Sie den Text eingeben. Dazu markieren Sie die drei Zellen und verwenden den Menübefehl TABELLE - ZELLEN VERBINDEN.

Zellen verbinden:

Zeilenhöhe

Die Höhe der ersten Zeile können Sie ebenfalls durch Ziehen mit der Maus ändern: zeigen Sie auf die waagrechte Trennlinie **unterhalb** der Überschriftzeile bis als Mauszeiger der Doppelpfeil erscheint und verschieben Sie nun die Linie nach unten zur gewünschten Höhe.

Die Zeilen 2 bis 4 sollten eine einheitliche Höhe erhalten: dazu markieren Sie die Zeilen, öffnen über das Menü TABELLE das Dialogfenster TABELLEN-EIGENSCHAFTEN... und geben im Register Zeile die gewünschte Höhe an; mindestens bedeutet, dass diese Höhe nicht unterschritten werden darf.

Zeilenhöhe festlegen:

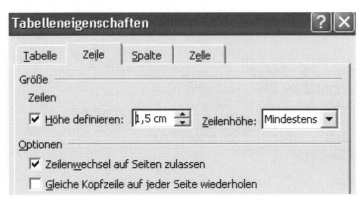

Ausrichtung

Während der Eingabe werden Text und Zahlen standardmäßig linksbündig und oben ausgerichtet. Zunächst soll der Inhalt der Tabelle, mit Ausnahme der letzten Zeile vertikal zentriert werden. Dazu markieren Sie die Zeilen und wählen im Dialogfenster TABELLENEIGENSCHAFTEN..., Register Zelle als vertikale Ausrichtung Zentriert.

Zelleneigenschaften:

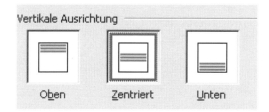

Markieren Sie nun die letzte Zeile und wählen als vertikale Ausrichtung Unten. In beiden Fällen können Sie auch das Symbol der Symbolleiste Tabelle verwenden.

Nun müssen Sie noch die horizontale Ausrichtung ändern:
Markieren Sie die Zellen der ersten Spalte mit Ausnahme der letzten Zeile und klicken in der Format Symbolleiste auf das Symbol Zentriert. Markieren Sie dann die letzte Spalte und richten Sie die Preise rechtsbündig aus.

Schattierung (Hintergrund)

Nun formatieren Sie noch die Überschriftzeile mit dunkler Schattierung und weißer Schrift, die restlichen Zellen der ersten Spalte sowie die letzte Zeile erhalten eine hellgraue Schattierung.

Zuletzt formatieren Sie noch den Text der Überschriftzeile, die Preise und die eigentliche Artikelbezeichnung fett.

Übung - Tabstopps

Öffnen Sie ein neues, leeres Dokument und erfassen und gestalten Sie mit Hilfe von Tabstopps eine Speisekarte nach dem folgenden Muster:

Unser Angebot an frischen Salaten

Fitness-Salat
mit verschiedenen Blattsalaten und
Hühnerbruststreifen 7,50

Chefsalat
mit verschiedenen Blattsalaten,
Oliven, gebratene Scampi mit Knoblauch 12,20

Salat nach Holzfällerart
mit Weißkraut und mit gebratenen Speckstreifen.............................8,50

Lösungshinweise - So gehen Sie vor

Geben Sie zunächst die Überschrift und anschließend einige Leerzeilen ein. Wenn Sie Tabstopps festlegen, so gelten diese immer nur für den aktuellen Absatz, achten Sie daher darauf, dass sich jetzt der Cursor in der letzten Leerzeile befindet.

Tabstopp setzen
Öffnen Sie nun über das Menü FORMAT das Dialogfenster TABSTOPPS und geben als Position ca. 12 cm ein. Als Ausrichtung wählen Sie entweder rechtsbündig oder dezimal (dezimal bedeutet, das Komma wird an der Tabstopp-Position ausgerichtet). Nun wählen Sie noch Punkte als Füllzeichen, klicken auf die Schaltfläche FESTLEGEN und bestätigen mit OK.

Tabstopps mit Füllzeichen festlegen:

Texteingabe
Jetzt geben Sie den Text ein: mit Drücken der Tabulator-Taste springt der Cursor an die Tabstopp-Position, gleichzeitig erscheinen automatisch Punkte als Füllzeichen.
Mit Drücken der RETURN-Taste am Ende eines Absatzes übernehmen Sie automatisch dessen gesamte Formatierung einschließlich der Tabstopps in den nächsten Absatz. Sie können also mit der Eingabe fortfahren und die Speisekarte beliebig weiterführen.

Beachten Sie:
Möchten Sie nachträglich die Tabstopp-Position verändern, so müssen Sie alle Absätze markieren bevor Sie den Tabstopp verschieben.

Weiterführende Formatierungen

In dieser Lektion lernen Sie...

- Zeichen, Absätze und Seiten mit Rahmen versehen

- Schattierung verwenden

- Verwendung von Aufzählungszeichen und Nummerierung

Was Sie für diese Lektion wissen sollten:

- Text eingeben und markieren

- Absatz- und Zeichenformate

ca. 40 Min.

Rahmen und Schattierung

Im Menü FORMAT stehen Ihnen in Word über den Befehl RAHMEN UND SCHATTIERUNG... weitere Möglichkeiten der Textformatierung zur Verfügung. Rahmenlinien und Schattierung (Hintergrundfarbe) können entweder ganze Absätze oder nur bestimmte Zeichen hervorheben.

Rahmenlinien

Soll ein Text mit Rahmenlinien versehen werden, so können Sie dazu entweder den Menübefehl FORMAT-RAHMEN UND SCHATTIERUNG... oder das entsprechende Symbol in der Symbolleiste verwenden. Rahmenlinien können einen Text vollständig einrahmen, können aber auch nur einzelne Linien oberhalb oder unterhalb sein.

Absätze und Zeichen einrahmen

Sie können in Word sowohl markierte Zeichen (Zeichenformat) als auch Absätze (Absatzformat) mit Rahmenlinien versehen. Wenn Sie ein oder mehrere Wörter markiert haben, so werden standardmäßig ausschließlich die markierten Zeichen eingerahmt. Befindet sich dagegen der Cursor lediglich in einem Absatz, so wird der gesamte aktuelle Absatz mit Rahmenlinien formatiert; um mehrere Absätze in einem Rahmen zusammenzufassen müssen Sie die Absätze markieren.

Absatz oder markierte Zeichen einrahmen.

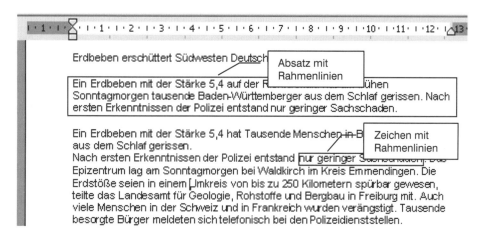

Das Symbol Rahmenlinien

Einfache Rahmenlinien weisen Sie den markierten Zeichen oder dem aktuellen Absatz am schnellsten über das Symbol der Symbolleiste zu.

Word kennt nicht nur an allen vier Seiten geschlossene Rahmen, sondern auch weitere Varianten, die angezeigt werden, wenn Sie auf den Auswahlpfeil neben dem Symbol klicken.

Symbol Rahmen-linien

Beispiel für eine Rahmenlinie unterhalb:

Die Tiefsee

Um Rahmenlinien vom aktuellen Absatz oder vom markierten Text wieder zu entfernen, klicken Sie auf das Symbol "kein Rahmen".

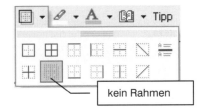

kein Rahmen

Rahmen entfernen

Das Dialogfenster Rahmen und Schattierung

Im Dialogfenster RAHMEN UND SCHATTIERUNG, Register Rahmen, das Sie über das Menü FORMAT öffnen, haben Sie zusätzlich die Möglichkeit, Linienart und Linienbreite festzulegen.

Das Dialogfenster Rahmen und Schattierung, Register Rahmen:

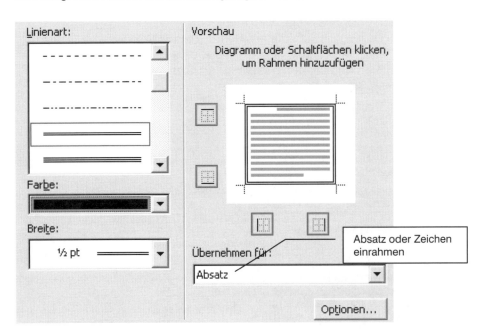

Absatz oder Zeichen einrahmen

1. Kontrollieren Sie zunächst im Dialogfenster unten rechts, ob die Rahmenlinien für den aktuellen Absatz bzw. mehrere markierte Absätze oder nur für Zeichen übernommen werden sollen und ändern Sie gegebenenfalls die Einstellung.

   Diese Voreinstellung hängt davon ab, ob Sie Zeichen markiert haben oder ob sich lediglich der Cursor in einem Absatz befindet.

2. Danach wählen Sie die gewünschte Linienart aus der Liste aus, falls erforderlich auch eine Linienfarbe. Abhängig von der markierten Linienart finden Sie nun im Auswahlfeld darunter verschiedene Einstellungen für die Linienbreite.

3. Sie können nun den Absatz direkt in der Vorschau bearbeiten: soll beispielsweise der Absatz nur mit einer Rahmenlinie unterhalb formatiert werden, so fügen Sie in der Vorschau eine Linie hinzu, indem Sie einfach auf betreffende Rahmenposition klicken oder die Symbole verwenden. Mit einem weiteren Mausklick auf die Linie können Sie eine Rahmenlinie auch wieder entfernen.

Rahmenbreite

Ein Rahmen erstreckt sich immer über die gesamte Breite eines Absatzes zwischen dem linken und rechten Seitenrand. Da die Absatzbreite über den Einzug gesteuert wird, müssen Sie den Absatz mit einem linken und/oder rechten Einzug versehen, um auch den Rahmen um den Absatz einzurücken.

Absatz mit Einzug formatieren

Ein eingerahmter Absatz ohne Einzüge:

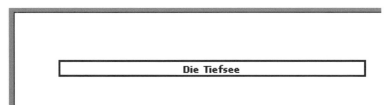

Ein eingerahmter Absatz mit linkem und rechtem Einzug:

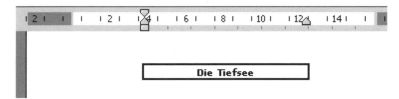

Abstände zum Text

Die Abstände zum Text innerhalb des Rahmens legen Sie fest, indem Sie im geöffneten Dialogfenster auf die Schaltfläche OPTIONEN klicken.

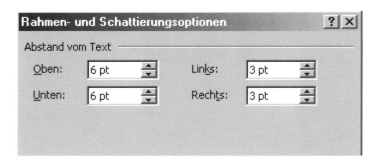

<u>Mögliche Probleme bei der Formatierung mit Rahmenlinien</u>

Normalerweise können Sie auch mehrere markierte Absätze mit einem gemeinsamen Rahmen versehen. Sollte dies nicht möglich sein, besitzen die einzelnen Absätze unterschiedliche Einzüge und da sich die Rahmenbreite am Einzug orientiert sehen Sie im Dokument auch unterschiedliche Rahmen. Kontrollieren Sie in diesem Fall die linken und rechten Einzüge im Menü FORMAT-ABSATZ (das Lineal eignet sich nur bedingt) und legen Sie gegebenenfalls einheitliche Einzüge fest.

Problem unterschiedlicher Einzüge

Schattierung

Im Register **Schattierung** geben Sie an, mit welcher Hintergrundfarbe Sie den markierten Text, oder den aktuellen Absatz formatieren wollen. Eine Hintergrundschattierung kann auch ohne Rahmenlinien verwendet werden. Wählen Sie KEIN INHALT, um eine Schattierung wieder zu entfernen.

Hintergrundfarbe

Beispiel:

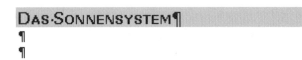

Auch die Schattierung orientiert sich am Einzug.

Haben Sie einen oder mehrere Absätze mit einer Schattierung versehen, so erstreckt sich die Schattierung vom linken bis zum rechten Seitenrand wenn Sie keine Einzüge verwenden.

Tipp: Sie können zum Formatieren mit Rahmenlinien und Hintergrund auch die Symbolleiste Tabellen und Rahmen verwenden, die Sie über das Menü ANSICHT-SYMBOLLEISTEN einblenden. Diese Symbolleiste eignet sich nicht nur für Tabellen, sondern auch zur Formatierung von Absätzen und bietet ebenfalls alle Auswahlmöglichkeiten des Dialogfensters.

Symbolleiste Tabellen und Rahmen verwenden

Seite einrahmen

Sie können in Word nicht nur Absätze oder Zeichen sondern auch Seiten mit Rahmenlinien versehen. Dazu öffnen Sie über das Menü FORMAT das Dialogfenster RAHMEN UND SCHATTIERUNG und wählen das Register Seitenrand. Die Auswahl der verschiedenen Rahmenlinien, sowie die direkte Bearbeitung in der Vorschau erfolgt wie oben bereits beschrieben. Zusätzlich zu den normalen Linienarten bietet Word hier über das Auswahlfeld Effekte verschiedene Grafiken als Rahmen an.

Seite mit Rahmenlinien versehen

Standardmäßig werden alle Seiten eines Abschnitts, bzw. Dokuments eingerahmt, über ein Auswahlfeld können Sie wählen, für welchen Bereich Sie die Rahmenlinien übernehmen wollen.

Rahmen gelten für Abschnitte oder das gesamte Dokument

> **Achten Sie bei der Verwendung von Grafikeffekten als Seitenrahmen darauf, dass die Seitenränder ausreichend Platz bieten.**

Den Abstand der Rahmenlinien zum Text ändern Sie über die Schaltfläche OPTIONEN. Sie können wählen, ob der jeweilige Abstand vom Seitenrand (gemeint ist der Papierrand) oder vom Text aus gemessen wird.

Abstand zum Text festlegen

Nummerierung und Aufzählungen

Was sind Listen?

Absätze lassen sich auf einfache Weise mit einer fortlaufenden Nummerierung oder mit Aufzählungszeichen versehen. Diese werden in Word auch als Listen bezeichnet. Sie können Listen entweder nachträglich mit einer Nummerierung oder mit Aufzählungszeichen versehen oder bereits während der Eingabe.

Nummerierung

Um mehrere Absätze nachträglich mit einer fortlaufenden Nummerierung zu versehen, geben Sie zuerst den Text ein und versehen die Absätze erst anschließend mit einer Nummerierung. Dazu markieren Sie alle Absätze und klicken anschließend auf das Symbol Nummerierung. Damit werden alle markierten Absätze automatisch fortlaufend nummeriert und möglicherweise gleichzeitig eingerückt, also mit einem Einzug formatiert. Wünschen Sie für die nummerierten Absätze keinen Einzug so klicken Sie anschließend einfach auf das Symbol "Einzug verkleinern".

Nummerierung

Beim nachträglichen Verschieben von nummerierten Absätzen oder beim Löschen passt sich die Nummerierung sofort automatisch an. Wenn Sie am Ende des letzten Absatzes die RETURN Taste drücken, so wird die Nummerierung fortgeführt, Sie können also auch nachträglich weitere Absätze hinzufügen.

Nummerierung passt
sich automatisch an

Nummerierung entfernen

Die Nummerierung entfernen Sie, indem Sie die Absätze markieren und nochmals auf das Symbol klicken. Sie können die Nummerierung auch von einzelnen Absätzen innerhalb einer nummerierten Liste entfernen, in diesem Fall erfolgt sofort eine automatische Neu-Nummerierung. Möglicherweise müssen Sie aber wieder den Einzug an die Liste anpassen.

Nummerierung anpassen

Das Symbol der Symbolleiste verwendet immer die zuletzt verwendete Nummerierung. Weitere Varianten finden Sie im Menü FORMAT-NUMMERIERUNG UND AUFZÄHLUNGSZEICHEN..., bzw. können Sie hier auch eigene Nummerierungsformate definieren. Wählen Sie entweder unter den Voreinstellungen eine Nummerierung aus oder markieren Sie eine der Varianten und klicken auf die Schaltfläche ANPASSEN, um eigene Nummerierungsformate zu erstellen.

So gehen Sie beim Anpassen von Nummerierungen vor:

Nummerierung
anpassen

1. Wählen Sie zunächst eine Zahlenformatvorlage (abc, ABC, I II III) und fügen Sie im Feld darüber Sonderzeichen wie Klammern, Punkt oder auch §-Zeichen hinzu.

2. Die Nummernposition bestimmt, ob die Nummern linksbündig, rechtsbündig oder zentriert untereinander ausgerichtet werden, mit der Ausrichtung geben Sie an, wie weit das Nummernzeichen vom linken Seitenrand eingerückt werden soll

3. Die Textposition legt fest, an welcher Stelle der eigentliche Absatztext beginnen soll. Da in der ersten Zeile der Text mit Hilfe eines Tabstopp eingerückt wird, müssen Sie zusätzlich zum Einzug die Tabstopp-Position für die erste Zeile angeben.

Nummerierung anpassen:

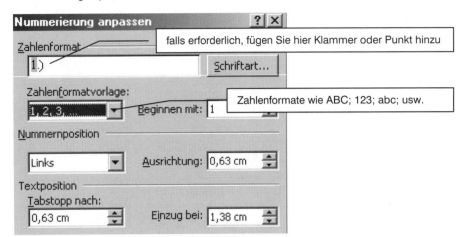

Zusätzliche Zeichen hinzufügen.

Neu nummerieren oder Liste fortführen?

Manchmal kann es erforderlich sein, in einer Liste mit einer Neu-Nummerierung zu beginnen anstatt die Nummerierung fortzuführen. In diesem Fall positionieren Sie den Cursor in dem Absatz, ab dem Sie mit der Neu-Nummerierung beginnen wollen und rufen den Menübefehl FORMAT-NUMMERIERUNG UND AUFZÄHLUNG... auf. Im Register Nummerierung wählen Sie nun eine der Optionen.

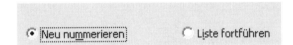

In manchen Fällen beginnt Word automatisch mit einer Neu-Nummerierung wenn Sie die Liste eigentlich fortführen möchten, dann wählen Sie die zweite Option. Eine weitere Möglichkeit bietet Word in Form eines SmartTag an, der erscheint wenn Sie einem Absatz eine Nummerierung zuweisen.

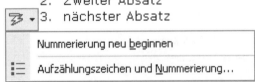

Automatische Nummerierung

Möglicherweise haben Sie auch die automatische Nummerierung von Word bereits bei der Eingabe kennen gelernt. Wenn Sie einen Absatz mit 1. beginnen und mit der RETURN-Taste beenden, so beginnt der nächste Absatz automatisch mit 2. und Sie erkennen am Symbol der Symbolleiste, dass die Nummerierung aktiviert ist. Zum Beenden der fortlaufenden Nummerierung drücken Sie entweder zweimal die RETURN-Taste oder deaktivieren die Nummerierung mit einem Mausklick auf das Symbol. Anschließend können Sie mit der normalen Texteingabe fortfahren.

Sie können aber auch die automatische Nummerierung vollständig deaktivieren. Rufen Sie dazu den Menübefehl EXTRAS-AUTOKORREKTUR-OPTIONEN..., Register "AutoFormat während der Eingabe" auf und deaktivieren Sie hier die Automatische Nummerierung.

Automatische Nummerierung deaktivieren.

Während der Eingabe übernehmen
- ☑ Automatische Aufzählung
- ☐ Automatische Nummerierung
- ☑ Rahmenlinien
- ☑ Tabellen
- ☐ Integrierte Formatvorlagen für Überschriften

Aufzählungszeichen

Anstelle einer fortlaufenden Nummerierung können Sie Absätze auch mit Sonderzeichen oder Symbolen als Aufzählungszeichen versehen. Dazu markieren Sie alle Absätze, die Sie mit Aufzählungszeichen versehen wollen und klicken entweder auf das Symbol der Symbolleiste oder wählen den Menübefehl FORMAT-NUMMERIERUNG UND AUFZÄHLUNG...

Aufzählungszeichen

Über das Symbol der Symbolleiste formatieren Sie die Absätze mit dem zuletzt verwendeten Aufzählungszeichen, während Sie über den Menübefehl wieder unter verschiedenen Voreinstellungen wählen können.

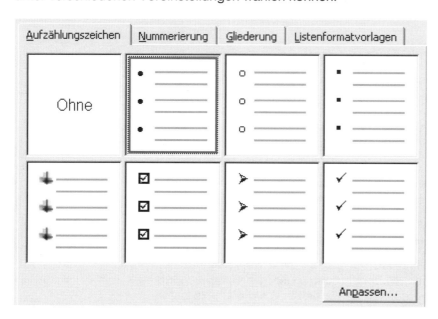

Auch hier können Sie über die Schaltfläche ANPASSEN der markierten Auswahl ein anderes Aufzählungszeichen zuweisen.

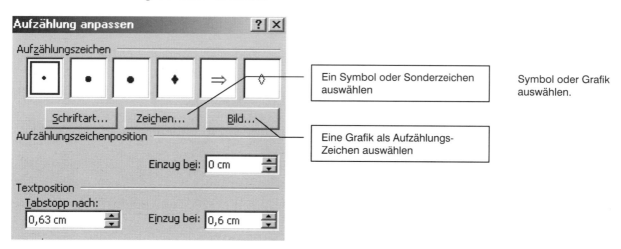

Ein Symbol oder Sonderzeichen auswählen

Symbol oder Grafik auswählen.

Eine Grafik als Aufzählungs-Zeichen auswählen

1. Klicken Sie auf eines der gezeigten Aufzählungszeichen oder auf die Schaltfläche ZEICHEN... um weitere Symbole auszuwählen. Wollen Sie ein

Bild oder eine Grafik als Aufzählungszeichen verwenden, so klicken Sie auf die Schaltfläche BILD....

2. Word öffnet ein Fenster mit einer Übersicht über verschiedene Symbole, im Listenfeld können Sie eine der installierten Symbolschriftarten (beispielsweise Wingdings) wählen.

3. Geben Sie als nächstes die Position des Aufzählungszeichens an, ein Einzug von 0 cm bedeutet, das Zeichen befindet sich unmittelbar am linken Seitenrand.
Die Textposition gibt an, wie weit der eigentliche Text gegenüber dem Aufzählungszeichen eingerückt wird (Einzug). Da in der ersten Zeile der Text mit Hilfe eines Tabstopp eingerückt wird, müssen Sie auch die Tabstopp-Position angeben. In der Vorschau darunter können Sie das Ergebnis vorab kontrollieren.

Zusammenfassung

- Sie können in Word entweder markierte Zeichen, den aktuellen Absatz oder mehrere markierte Absätze mit Rahmenlinien versehen. Über das Symbol der Symbolleiste oder den Menübefehl wählen Sie aus, an welchen Seiten die Linien erscheinen sollen, zusätzlich können Sie über den Menübefehl FORMAT-RAHMEN UND SCHATTIERUNG... auch Linienart und -breite festlegen.

- Unter Schattierung ist die Hintergrundfarbe zu verstehen, mit der Sie ebenfalls Zeichen oder Absätze formatieren können.

- Word bietet auch die Möglichkeit, Seiten mit Rahmenlinien zu formatieren. Diese gelten immer für Abschnitte eines Dokuments.

- Absätze können entweder automatisch bei der Eingabe oder nachträglich entweder mit einer fortlaufenden Nummerierung oder mit Symbolen als Aufzählungszeichen versehen werden. Diese werden in Word auch als Listen bezeichnet.

- Im Menü FORMAT-NUMMERIERUNG UND AUFZÄHLUNGSZEICHEN finden Sie eine Auswahl an vordefinierten Formaten, über die Schaltfläche ANPASSEN können Sie eigene Nummerierungen und Aufzählungen erzeugen. Die dazugehörigen Symbole der Symbolleiste verwenden automatisch immer die zuletzt verwendete Auswahl.

- Für nummerierte Absätze gilt: Auch beim nachträglichen Verschieben oder Löschen von Absätzen oder wenn Sie die Nummerierung von einem Absatz entfernen, erfolgt eine automatische Neunummerierung. Ob dabei eine bestehende Liste fortgeführt werden soll oder eine neue Nummerierung begonnen werden soll, wählen Sie über einen SmartTag oder den Menübefehl.

Übung

Starten Sie Microsoft Word mit einem neuen, leeren Dokument und speichern Sie das Dokument unter dem Namen **Einladung zur Versammlung.doc**.

Geben Sie ab der ersten Zeile den folgenden Text ein und formatieren Sie das Dokument entsprechend der Vorlage:

Freiwillige Feuerwehr Hintergroßhausen
Bahnhofstr. 3
99999 Hintergroßhausen

Hintergroßhausen, den 11.Mai.2005

Einladung zur jährlichen Hauptversammlung

unsere Hauptversammlung findet dieses Jahr statt am:

- **Freitag, 3. Juni 2005**
- **18 Uhr**
- **Gasthaus Zum Anker in Hintergroßhausen**

Tagesordnung

1. Begrüßung
2. Bericht des Vorstandes und des Kassiers
3. Entlastung der Vorstandschaft
4. Neuwahlen
5. Anschaffung eines neuen Gerätes
6. Anträge und Wünsche

Anträge müssen schriftlich bis spätestens 25. Mai 2005 bei der Vorstandschaft eingegangen sein.

Wir freuen uns auf Euer zahlreiches Erscheinen. Natürlich gibt es wie jedes Jahr eine Kleinigkeit zum Essen und wir freuen uns auf ein gemütliches Zusammensein

Eure Vorstandschaft

Lösungshinweise - So gehen Sie vor

- Die ersten drei Zeilen werden mit einer Schattierung versehen. Dazu markieren Sie die drei Absätze und öffnen über das Menü FORMAT das Dialogfenster RAHMEN UND SCHATTIERUNG..., Register Schattierung. Wählen Sie zum Ausfüllen entweder grau oder eine andere helle Farbe und bestätigen Sie mit OK.

- Nun muss noch eine Rahmenlinie unterhalb hinzugefügt werden. Positionieren Sie den Cursor in der dritten Zeile (99999 Hintergroßhausen), öffnen erneut das Dialogfenster RAHMEN UND SCHATTIERUNG, Register Rahmen und wählen eine doppelte Rahmenlinie. In der Vorschau rechts daneben fügen Sie durch Klicken unterhalb des Absatzes die Rahmenlinie hinzu bzw. entfernen nicht benötigte Linien.

- Die Überschrift (Einladung zur ...) wird nicht als Absatz, sondern als Text eingerahmt. Markieren Sie den Text, öffnen Sie wieder das Dialogfenster Rahmen und Schattierung, Register Rahmen und wählen eine einfache Rahmenlinie. Achten Sie unterhalb der Vorschau darauf, nicht den Absatz, sondern den Text einzurahmen und bestätigen Sie mit OK.

- Um die nächsten Zeilen mit Punkten als Aufzählungszeichen zu versehen, markieren Sie die drei Absätze und öffnen über das Menü Format das Dialogfenster NUMMERIERUNG UND AUFZÄHLUNGSZEICHEN, Register Aufzählungszeichen. Wählen Sie hier die Varianten mit Punkten aus, falls Sie kein geeignetes Zeichen finden, klicken Sie auf die Schaltfläche ANPASSEN... und wählen über eine weitere Schaltfläche ZEICHEN... das gewünschte Zeichen aus.

- Nun müssen Sie für die drei Absätze nur noch entweder über das Symbol Einzug verkleinern oder den Menübefehl FORMAT-ABSATZ... den linken Einzug so verändern, dass das Aufzählungszeichen am linken Seitenrand beginnt (linker Einzug 0 cm).

  Das Wort *Tagesordnung* formatieren Sie nicht mit Rahmenlinien sondern mit einer einfachen Unterstreichung, Ausrichtung zentriert.

- Die einzelnen Tagesordnungspunkte markieren Sie wieder und aktivieren die Nummerierung entweder über das Symbol Nummerierung oder das Dialogfenster NUMMERIERUNG UND AUFZÄHLUNGSZEICHEN, Register Nummerierung, hier können Sie wieder unter verschiedenen Varianten wählen oder bei Bedarf die markierte Nummerierung anpassen.

  Anschließend vergrößern Sie den linken Einzug dieser Absätze bis sich der Text etwa unter dem Wort *Tagesordnung* befindet (linksbündig ausgerichtet).

- Nun müssen Sie nur noch den abschließenden Text darunter mit einer Hintergrundfarbe und einfachen Rahmenlinien versehen. Markieren Sie die Absätze und versehen Sie die Absätze über FORMAT- RAHMEN UND SCHATTIERUNG... mit einer Schattierung und einfachen Rahmenlinien an allen vier Seiten.

Weiterführende Techniken der Textverarbeitung

In dieser Lektion lernen Sie...

- Die Word-Silbentrennung
- Verwenden von Autotext und Autokorrektur
- Datum und Uhrzeit, sowie Sonderzeichen einfügen
- Arbeiten mit Kopf- und Fußzeilen

Was Sie für diese Lektion wissen sollten:

- Text eingeben und markieren
- Absatz- und Zeichenformate

ca. 45 Min.

Die Silbentrennung

Trennung während der Eingabe

Während der Eingabe und auch bei der Formatierung, beispielsweise im Blocksatz erfolgt in Word zunächst **keine** automatische Silbentrennung. Passt ein Wort nicht mehr in eine Zeile, so wird es vollständig in die nächste Zeile übernommen, der Zeilenumbruch erfolgt bei Leerzeichen und Bindestrichen.

Während der Eingabe keine automatische Silbentrennung.

Möchten Sie bereits während der Eingabe trennen, so verwenden Sie nicht den normalen Bindstrich sondern den so genannten "bedingten Trennstrich" mit der Tastenkombination STRG+Bindestrich.

Bei nachträglichen Textänderungen wie Einfügen und Löschen oder bei Änderungen der Schriftart und -größe kann sich der Zeilenumbruch verschieben. Ein nor-maler Binde-strich würde dann mitten in der Zeile gedruckt, der bedingte Trennstrich erscheint dagegen beim Drucken ausschließlich am Ende einer Zeile, also nur dann, wenn er benötigt wird.
Bei eingeblendeten Steuerzeichen sind bedingte Trennstriche nicht nur am rechten Seitenrand, sondern auch innerhalb einer Zeile sichtbar, nicht aber bei ausgeblendeten Steuerzeichen oder in der Seitenansicht.

STRG+Bindestrich bedingter Trennstrich

wird nur am Ende der Zeile gedruckt

Automatische und manuelle Silbentrennung

Eine Silbentrennung kann jederzeit nachträglich entweder automatisch oder manuell vorgenommen werden. Sie starten die Silbentrennung über den Menübefehl EXTRAS - SPRACHE und wählen aus dem Untermenü den Befehl SILBENTRENNUNG.

Nachträgliche Silbentrennung

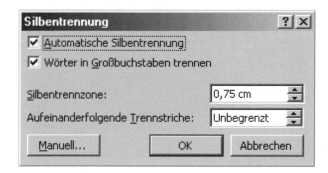

- Die Silbentrennzone gibt den Mindestbereich für die Trennung vor. Der Standardwert von 0,75 cm umfasst etwa 3 Buchstaben und kann normalerweise beibehalten werden.

- Aufeinanderfolgende Trennstriche legen fest, über wie viele Zeilen maximal untereinander eine Trennung erfolgen darf.

- Außerdem können Sie noch angeben, ob auch Wörter, die ausschließlich in GROSSBUCHSTABEN geschrieben sind, ebenfalls zur Trennung herangezogen werden.

Automatische Trennung

Wenn Sie nun die automatische Silbentrennung aktivieren und mit der Schaltfläche OK bestätigen, so erfolgt im gesamten Dokument eine Trennung mit bedingten Trennstrichen.

Ausnahme: Wenn Sie einen Textteil markiert haben, so erfolgt die Trennung nur im markierten Teil.

Automatische Trennung

Manuelle Silbentrennung

Wenn Sie das Kontrollkästchen automatische Silbentrennung deaktivieren und auf die Schaltfläche MANUELL... klicken, so starten Sie die manuelle oder halbautomatische Silbentrennung bei der Sie die Trennung kontrollieren können: Sie können jeden einzelnen Trennvorschlag bestätigen oder ablehnen, bzw. die Trennung auch an anderer Stelle durchführen. Word verwendet dazu ebenfalls den bedingten Trennstrich.

Trennvorschläge manuell bestätigen

Silbentrennung deaktivieren

Ist die automatische Silbentrennung einmal aktiviert, erfolgt auch bei nachträglichen Änderungen am Text eine erneute Trennung. Um die Silbentrennung zu deaktivieren, müssen Sie wieder den Menübefehl EXTRAS - SPRACHE Untermenü SILBENTRENNUNG... aufrufen und hier das Kontrollkästchen Automatische Silbentrennung deaktivieren.

<u>Zeilenumbruch zwischen zwei Wörtern verhindern</u>

Der automatische Zeilenumbruch erfolgt immer bei Leerzeichen oder Bindestrichen, also zwischen zwei Wörtern. In manchen Fällen kann es sinnvoll sein, dies zu verhindern. Sollen zwei Wörter nicht durch einen Zeilenumbruch getrennt werden so geben Sie an dieser Stelle anstatt eines normalen Leerzeichens ein so genanntes **"geschütztes"** Leerzeichen ein.

Geschütztes Leerzeichen

Ein geschützter Bindestrich verhindert, dass Wörter mit einem Bindestrich, beispielsweise Namen wie Müller-Lüdenscheid oder Firmennamen getrennt werden.

Geschützter Bindestrich

Zeichen	Tasten	Beispiel
Geschütztes Leerzeichen	STRG+Shift+Leertaste	100°Km¶
Geschützter Bindestrich	STRG+Shift+Bindestrich	BIT—SYS·GmbH¶

AutoText

Viele Dokumente, beispielsweise Mahnungen oder Verträge enthalten häufig wiederkehrende Texte und Floskeln. Damit diese Inhalte nicht ständig neu eingegeben werden müssen, kennen viele Textverarbeitungsprogramme die Möglichkeit, Texte einmal zu speichern und anschließend beliebig oft in verschiedene Dokumente einzufügen. Diese Texte werden in Word als **AutoText** bezeichnet und können nicht nur reinen Text, sondern auch Formatierungen, Grafiken und Tabellen enthalten.

Häufig wiederkehrende Texte als AutoText speichern.

AutoText-Eintrag erstellen
So gehen Sie vor, wenn Sie einen neuen AutoText-Eintrag erstellen wollen:

1. Geben Sie den zu speichernden Text in ein beliebiges neues, leeres Dokument ein und formatieren Sie den Text, falls erforderlich. Sollte der Text bereits in einem Dokument enthalten sein, so öffnen Sie dieses Dokument.

2. Markieren Sie den Text und achten Sie darauf, ob Ihr AutoText später als eigenständiger Absatz oder als Zeichenfolge innerhalb eines Absatzes eingefügt werden soll. Wenn Sie später unmittelbar nach dem eingefügten AutoText mit der Eingabe fortfahren wollen, darf das Zeichen Absatzende nicht mit markiert sein. Erfolgt die weitere Texteingabe erst in der nächsten Zeile oder mit einige Zeilen Abstand, so markieren den Text einschließlich Absatzende und Leerzeilen.

Als Absatz oder Zeichenfolge einfügen?

3. Rufen Sie nun im Menü EINFÜGEN den Befehl AUTOTEXT... auf und klicken im Untermenü auf den Befehl NEU... (Sollte dieser Befehl deaktiviert sein, so haben Sie vergessen, den Text zu markieren).

4. Geben Sie nun einen Namen für den AutoText-Eintrag ein. Standardmäßig schlägt Word den Anfang des markierten Textes vor, wählen Sie statt dessen besser ein Kürzel mit mindestens 4 Zeichen. Sollte bereits ein AutoText unter demselben Namen vorhanden sein, so fragt Word nach, ob Sie den alten Eintrag ersetzen wollen.

Namen für AutoText

5. Bestätigen Sie mit OK, so ist der neue AutoText gespeichert.

Hinweis: AutoText kann auch formatierten Text umfassen. Beachten Sie aber, dass Absatzformate nur dann im AutoText berücksichtigt werden, wenn Sie das Absatzendezeichen mit markieren und in den AutoText übernehmen.

AutoText einfügen
Tipp übernehmen
Word bietet verschiedene Möglichkeiten an, AutoText in ein Dokument einzufügen, möglicherweise haben Sie eine davon bereits kennen gelernt: Eine ganze Reihe von AutoText-Einträgen ist in Word bereits vorhanden, wenn Sie

Mit der RETURN Taste einfügen

während der Eingabe den Namen für einen dieser Einträge eingeben, so schlägt Word den AutoText als Tipp vor.

AutoText als Tipp vorschlagen:

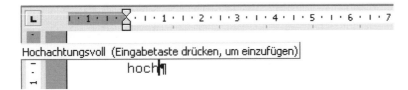

Drücken Sie die RETURN-Taste so wird der AutoText eingefügt, Sie können jedoch auch den Vorschlag ignorieren und einfach mit der Texteingabe fortfahren.

Alle AutoText-Einträge werden nur dann als Tipp vorgeschlagen, wenn der Name des Eintrags eine Länge von mindestens 4 Zeichen hat.

Mindestens 4
Zeichen Länge.

Sollten trotzdem keine Vorschläge erscheinen, so rufen Sie über das Menü EINFÜGEN-AUTOTEXT im Untermenü den Befehl AUTOTEXT... auf. Hier muss das Kontrollkästchen "AutoAusfüllen-Vorschläge anzeigen" aktiviert sein.

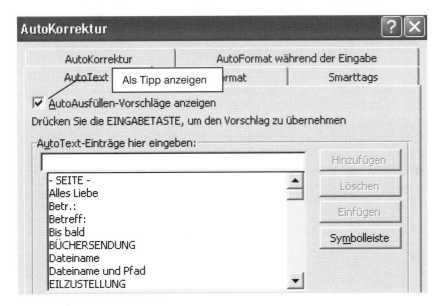

Menü EINFÜGEN-AUTOTEXT
Eine weitere Möglichkeit zum Einfügen von AutoText finden Sie im Menübefehl EINFÜGEN-AUTOTEXT.

Menü verwenden

Im Untermenü erscheinen alle verfügbaren AutoTexte, gruppiert nach der verwendeten Formatvorlage. Die meisten dieser Einträge sind bereits in Word enthalten, können jedoch gelöscht oder bearbeitet werden. Eigene AutoText Einträge finden Sie normalerweise in der Gruppe Standard. Mit einem Mausklick wird der AutoText an der Cursorposition eingefügt.

Taste F3

Wenn Sie den Namen des AutoText-Eintrags kennen, so können Sie auch zum schnellen Einfügen die Funktionstaste F3 verwenden. Tippen Sie einfach den Namen des AutoTextes an der gewünschten Stelle im Dokument ein und drücken Sie sofort die Taste F3 (der Cursor muss sich unmittelbar hinter dem Namen befinden - kein Leerzeichen). Word ersetzt daraufhin den Namen durch den Eintrag.

F3 fügt anstelle des Namens AutoText im Dokument ein.

AutoText löschen

Rufen Sie über das Menü EINFÜGEN-AUTOTEXT aus dem Untermenü den Befehl AUTOTEXT... auf. Markieren Sie anschließend den Eintrag, den Sie löschen wollen und klicken Sie auf die Schaltfläche LÖSCHEN.

AutoText-Eintrag ändern

AutoText-Einträge können Sie nur ändern, indem Sie den AutoText in ein beliebiges Dokument einfügen und hier alle Änderungen durchführen. Anschließend markieren Sie den Text und speichern ihn erneut als AutoText ab. Wenn Sie den bereits bestehenden Namen verwenden, so fragt Word nach ob Sie den Eintrag ersetzen wollen. Bestätigen Sie in diesem Fall mit JA.

Datum und Uhrzeit einfügen

Wenn Sie während der Eingabe mit dem Schreiben des aktuellen Datums beginnen, so schlägt Word das vollständige Datum in der Standardschreibweise vor, das Sie anschließend durch Drücken der RETURN-Taste in den Text übernehmen können.

Das aktuelle Datum als Tipp übernehmen.

Sie können das aktuelle Datum und die aktuelle Uhrzeit aber auch über den Menübefehl EINFÜGEN-DATUM UND UHRZEIT... im Dokument an der Cursorposition einfügen. Hier finden Sie auch verschiedene Datums-schreibweisen zur Auswahl, bzw. können Sie mit einem Mausklick auf die Schaltfläche Standard die markierte Schreibweise als Standardschreibweise festlegen.

Verschiedene Schreibweisen.

Datum aktualisieren

Beim Einfügen des aktuellen Datums über den Menübefehl EINFÜGEN - DATUM UND UHRZEIT... können Sie zusätzlich das Kontrollkästchen "Automatisch aktualisieren" aktivieren. Damit wird das Datum beim Öffnen des Dokuments automatisch aktualisiert, Word zeigt also an dieser Stelle immer das jeweils aktuelle Datum an. Das Datum stellt in diesem Fall ein so genanntes **Feld** dar, das grau schattiert erscheint, wenn Sie mit der Maus in das Datum klicken. Diese Feldschattierung erscheint nicht auf dem Ausdruck.

Datum als Feld einfügen

Nachteil: Beispielsweise bei Briefen lässt sich so das ursprüngliche Datum nach dem erneuten Öffnen nicht mehr erkennen.

Hinweis: Ob in Word Felder schattiert angezeigt werden, können Sie über den Menübefehl EXTRAS-OPTIONEN, Register ANSICHT steuern.

Feldschattierung

Autokorrektur

Möglicherweise ist Ihnen während der Eingabe auch bereits die AutoKorrektur aufgefallen, wenn beispielsweise nach einem Satzende der erste Buchstabe automatisch in einen Großbuchstaben umgewandelt wird. Im Gegensatz zur Rechschreibprüfung korrigiert die AutoKorrektur häufige Rechtschreibfehler oder Buchstabendreher bereits während der Eingabe automatisch, sie kann aber auch dazu verwendet werden, um kurze Texte oder Sonderzeichen während der Eingabe schnell im Text einzufügen. Allerdings ist bei der AutoKorrektur die Länge des einzufügenden Textes beschränkt auf maximal 255 Zeichen.

Während der Eingabe häufige Fehler automatisch korrigieren.

Testen Sie die AutoKorrektur:

- Geben Sie in einem beliebigen Dokument die Zeichenfolge *udn* ein: nachdem Sie ein Leerzeichen eingefügt haben, wird das Wort ersetzt durch das Wort *und*.

- Geben Sie die Zeichenfolge (c) ein, so erscheint das Copyright Zeichen.

- Geben Sie das Kürzel *mfg* ein, nach dem Drücken der Leertaste erscheint folgender Text:

Symbole ersetzen

> *Mit freundlichen Grüßen*

Die verschiedenen Einstellungen der AutoKorrektur überprüfen und ändern Sie über das Menü EXTRAS–AUTOKORREKTUR-OPTIONEN...
Ist das Kontrollkästchen "Während der Eingabe ersetzen" aktiviert, so werden zahlreiche Rechtschreibfehler und vertauschte Buchstaben während der Eingabe automatisch ersetzt. Eigene Einträge fügen Sie hinzu, indem Sie im Feld "Ersetzen:" zunächst die falsche Schreibweise oder ein Kürzel eingeben. Im Feld "Durch:" geben Sie den Text ein, der anstelle des Fehlers oder des Kürzels eingefügt werden soll. Klicken Sie abschließend auf die Schaltfläche Hinzufügen.

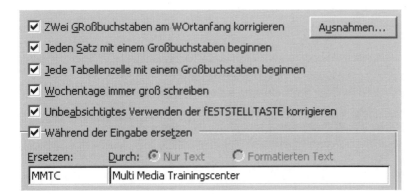

Satz mit Großbuchstaben beginnen
Weitere Optionen, wie beispielsweise "Jeden Satz mit einem Großbuchstaben beginnen" können Sie hier ebenfalls aktivieren oder deaktivieren.

Großbuchstaben am Satzanfang

Feststelltaste
Auch das unbeabsichtigte Verwenden der Feststelltaste (hier ein bEISPIEL) können Sie mit Word automatisch korrigieren lassen.

Die Eingabe von Sonderzeichen

Bei der Zeichenformatierung sind Ihnen vermutlich die verschiedenen Symbolschriftarten aufgefallen. Die Zeichen dieser Schriftarten fügen Sie nicht über eine Formatierung ein, sondern über den Menübefehl EINFÜGEN - SYMBOL... Hier finden Sie alle Sonderzeichen und Symbole der installierten Schriftarten. So gehen Sie vor, wenn Sie ein Symbol an der Cursorposition einfügen wollen:

Zeichen der Symbolschriftarten einfügen.

1. Rufen Sie das Menü EINFÜGEN – SYMBOL... auf, Register Symbole.

Symbole einfügen:

2. Wählen Sie eine Schriftart, für Sonderzeichen entweder Normaler Text oder die verwendete Schriftart, für grafische Zeichen beispielsweise Wingdings oder Webdings.

3. Mit einem Doppelklick auf das Symbol oder einem einfachen Mausklick auf die Schaltfläche Einfügen wird das markierte Symbol an der Cursorposition im Text eingefügt.

   Hinweis: Dieses Fenster bleibt auch nach dem Einfügen noch geöffnet, Sie können also auch noch weitere Symbole einfügen.

Kopf- und Fußzeilen

Was sind Kopf- und Fußzeilen?

Elemente, die beim Drucken automatisch auf jeder Seite am oberen oder unteren Rand erscheinen sollen, beispielsweise Seitenzahlen werden in die Kopfzeile oder die Fußzeile eingefügt. Den Inhalt von Kopf- und Fußzeilen sehen Sie in der Seitenansicht, hier erscheint er wie auf dem Ausdruck oder in der Ansicht Seitenlayout (nur wenn Sie die Leerräume nicht ausgeblendet haben), in dieser Ansicht wird der Inhalt grau angezeigt.

Nur in der Ansicht Seitenlayout sichtbar

Die Kopf- oder Fußzeile befindet sich zwischen dem Papierrand und dem oberen oder unteren Seitenrand und kann auch mehrere Zeilen umfassen. Die Größe dieses Bereichs hängt davon ab, welche Seitenränder Sie für Ihr Dokument festgelegt haben, zusätzlich müssen Sie über den Menübefehl DATEI-SEITE EINRICHTEN.. im Register Layout den Abstand der Kopf- und Fußzeile zum Papierrand angeben.

Zwischen Papierrand und Seitenrand.

DATEI-SEITE EINRICHTEN, Register LAYOUT:

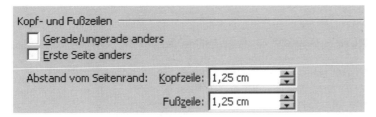

- Der Abstand vom Seitenrand legt fest, wie viele Zentimeter unterhalb des oberen Papierrandes die Kopfzeile beginnen soll, gleiches gilt auch für die Fußzeile.

Seitenzahlen über das Menü eingeben

- Sie können hier auch wählen, ob die Kopf- und Fußzeilen auch auf der ersten Seite gedruckt werden sollen, beziehungsweise ob Sie für ungerade Seiten andere Kopf- und Fußzeile verwenden wollen.

Seitenzahlen einfügen

Mit dem Menübefehl EINFÜGEN-SEITENZAHLEN... können Sie in Word schnell Seitenzahlen in die Kopf- oder Fußzeile Ihres Dokuments einfügen. Wählen Sie die Position und Ausrichtung und bestätigen Sie mit der Schaltfläche OK. Damit werden Ihre Druckseiten automatisch fortlaufend nummeriert.

Kopf- und Fußzeilen einfügen und bearbeiten

Für die manuelle Bearbeitung von Kopf- und Fußzeilen öffnen Sie mit dem Menübefehl ANSICHT–KOPF- UND FUßZEILE den Bereich der Kopfzeile, nun erscheint der übrige Text grau. Gleichzeitig wird automatisch die dazugehörige Symbolleiste eingeblendet.

Eingabe und Bearbeitung von Kopf- und Fußzeilen

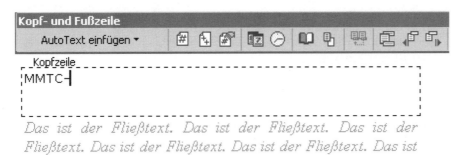

Standardmäßig wird alles, was Sie in die Kopf- oder Fußzeile eingeben automatisch auf jeder Seite gedruckt. Sie können Text, Tabellen oder auch Grafik einfügen und mit allen bekannten Formatierungen versehen. Die Seitenzahlen fügen Sie über Symbole ein.

Inhalte der Kopf- und Fußzeilen werden auf jeder Seite gedruckt.

Die wichtigsten Symbole der Symbolleiste Kopf- und Fußzeile:

Die Symbolleiste verwenden

🔲	Seitenzahl einfügen
🔲	Gesamtzahl der Seiten einfügen
🔲	Seite einrichten
🔲	Zwischen Kopf- und Fußzeile wechseln

vorhandene Tabstopps verwenden.

Tipp: Die Kopf- und Fußzeile verfügt in Word standardmäßig auch über zwei Tabstopps: zentriert in der Mitte der Seite und rechtsbündig am rechten Seitenrand. Verwenden Sie diese Tabstopps zur schnellen Ausrichtung von Text und Seitenzahlen.

Kopf- und Fußzeile schließen
Mit einem Mausklick auf die Schaltfläche SCHLIESSEN in der Symbolleiste oder einen Doppelklick an eine beliebige Stelle im übrigen Text schließen Sie die Ansicht und kehren zurück zum Text.

Wollen Sie schnell wieder in die Kopf- oder Fußzeile wechseln, so genügt in der Ansicht Seitenlayout bei eingeblendeten Leerräumen ein Doppelklick auf den grau dargestellten Bereich. Dies ist allerdings nur möglich, wenn dieser Bereich bereits Elemente enthält.

Öffnen mit Doppelklick

Profi Tipp
Kopf- und Fußzeilen zählen zu den Abschnittsformaten. Besteht Ihr Dokument nur aus einem einzigen Abschnitt, so gelten die Kopf- und Fußzeilen für das gesamte Dokument, Abweichungen sind nur für die erste Seite möglich. Benötigen Sie innerhalb eines Dokuments mehrere unterschiedliche Kopf- und Fußzeilen, so müssen Sie Ihr Dokument zuvor in Abschnitte aufteilen.

Unterschiedliche Kopf- und Fußzeilen im Dokument.

Dazu fügen Sie über den Menübefehl EINFÜGEN-MANUELLER UMBRUCH vor der Cursorposition entweder fortlaufend oder mit Beginn einer neuen Seite einen Abschnittswechsel ein. Siehe auch die Lektion SEITE EINRICHTEN UND DRUCKEN.

Über den Befehl ANSICHT-KOPF- UND FUßZEILE öffnet Word nun für jeden Abschnitt eine eigene Kopf- oder Fußzeile. Über weitere Symbole wechseln Sie zur nächsten, bzw. zur vorherigen Kopfzeile.

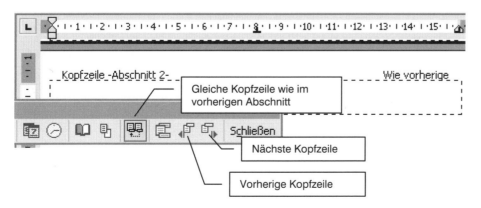

Zusammenfassung

- Während der Eingabe erfolgt in Word standardmäßig keine Silbentrennung. Die Silbentrennung kann nachträglich entweder automatisch oder manuell aktiviert werden. Wollen Sie bereits während der Eingabe trennen, so verwenden Sie anstelle eines normalen Bindestrichs den bedingten Trennstrich (STRG+Bindestrich), dieser wird nur am Ende einer Zeile gedruckt. Bei nachträglichen Änderungen vermeiden Sie so, dass mitten in der Zeile im Wort ein Trennstrich erscheint.

- AutoText enthält Text in beliebiger Länge, auch Tabellen oder Grafik und kann beliebig oft in Dokumente eingefügt werden. Zum Erstellen von AutoText-Einträgen schreiben und formatieren Sie zunächst den Text. Markieren Sie dann den Text und speichern ihn unter einem Namen als AutoText ab. Zum Einfügen während der Eingabe verwenden Sie entweder das Menü EINFÜGEN–AUTOTEXT oder, falls der Eintrag als Tipp vorgeschlagen wird, die RETURN-Taste. Wenn Sie den Namen des AutoText-Eintrags in ein Dokument eingeben und anschließend F3 drücken ersetzt Word den Namen ebenfalls durch den Eintrag.

- Wenn Sie das aktuelle Datum und die Uhrzeit als Feld in ein Word Dokument einfügen, dann bedeutet dies, Datum und Uhrzeit werden beim Öffnen automatisch aktualisiert und es erscheint an dieser Stelle immer das aktuelle Datum.

- Die AutoKorrektur dient dazu, Rechtschreibfehler und Buchstabendreher während der Eingabe automatisch zu korrigieren. Sie können der Autokorrektur weitere Einträge hinzufügen oder Einträge löschen. Weitere Optionen der AutoKorrektur legen fest, ob jeder Satz automatisch mit einem Großbuchstaben beginnen soll und ob ein versehentliches Betätigen der Feststelltaste von Word automatisch korrigiert werden soll.

- Sonderzeichen und Symbole der Symbolschriftarten fügen Sie ein über das Menü EINFÜGEN – SYMBOL.

- Kopf- und Fußzeilen werden nur in der Ansicht Seitenlayout angezeigt und können Text, Tabellen oder Grafiken enthalten. Über eine spezielle Symbolleiste können Seitenzahlen und andere häufige Elemente eingefügt werden. Standardmäßig gilt eine Kopf- und Fußzeile immer nur für einen Abschnitt eines Dokuments.

Übung

Starten Sie Microsoft Word mit einem neuen, leeren Dokument und speichern Sie das Dokument unter dem Namen *Bestellung.doc*.

Erstellen Sie folgende AutoText Einträge:

Verband

> **Allgemeiner Interessensverband der Bleistiftnutzer, AIVdBN**
> Dreiachtelweg 77
> 89233 Neu-Ulm
> ☎ 07311-114447788

Best12

> Prof. Dr. Dr. Hans-Werner Stiftlein-Brösig:
> **Der deutsche Bleistift seit 1900 - eine Bestandsaufnahme**.
> Preis 9,99 Euro, *Bestellnummer 12*

Best13

> Jens Frieder-Friedersen:
> **Der Bleistift im Fernsehkrimi,**
> Preis: 24,80 Euro, *Bestellnummer 13*

Löschen Sie den gesamten Text aus dem Dokument, geben Sie den folgenden Text ein und gestalten Sie das Dokument ähnlich der Vorlage.

Fügen Sie als Absender den AutoText *Verband* ein, anstelle *Best12* und *Best13*verwenden Sie ebenfalls die entsprechenden AutoText-Einträge.

Verband

Sehr geehrter Herr Dr. Witzig

wir freuen uns über Ihr Interessen an unserer Arbeit und an unseren Veröffentlichungen und können Ihnen heute unsere kürzlich erschienenen Forschungsarbeiten anbieten.

Best12

Best13

mfg

Susanne B. Liebig

✂--

Faxbestellung

hiermit bestelle ich die folgenden Veröffentlichungen:
(Zutreffendes bitte ankreuzen)

      ❑   Best12

      ❑   Best13

Formatvorlagen

In dieser Lektion lernen Sie...

- Formatvorlagen erstellen
- Integrierte Formatvorlagen verwenden
- Ändern von Formatvorlagen

Was Sie für diese Lektion wissen sollten:

- Text formatieren

ca. 40 Min.

Was sind Formatvorlagen?

Formatvorlagen speichern Formatierungen.

In den vorangegangenen Lektionen haben Sie die wichtigsten Zeichen- und Absatzformate kennen gelernt. In vielen Dokumenten werden für ein einheitliches Layout wiederkehrende Formatierungen benötigt. Damit Sie häufig verwendete Formatierungen nicht jedes Mal erneut vornehmen oder übertragen müssen, bieten Formatvorlagen eine Möglichkeit, **Zeichen- und Absatzformate zu speichern** und beliebig oft zu verwenden.

Word verfügt bereits über eine Reihe von integrierten Formatvorlagen, die Sie nach Belieben verwenden und auch verändern können. Sie können aber auch eigene, neue Formatvorlagen definieren.

Wenn Sie einem Text eine Formatvorlage zuweisen, erhält dieser alle Formatierungen, die in dieser Formatvorlage enthalten sind. Word unterscheidet bei den Formatvorlagen grundsätzlich zwischen zwei Arten:

Absatz-Formatvorlagen und Zeichen-Formatvorlagen

- Absatzformatvorlagen
- Zeichenformatvorlagen

Absatzformatvorlagen formatieren immer ganze Absätze und können neben den Absatzformaten auch Zeichenformate enthalten, Zeichenformatvorlagen dagegen enthalten ausschließlich Zeichenformatierungen.

Vorteile von Formatvorlagen

In umfangreichen Dokumenten lassen sich so einheitliche Formatierungen, beispielsweise für Überschriften verwenden. Auch sonstige Schriftstücke, Briefe oder Verträge erhalten mit Formatvorlagen ein einheitliches Aussehen.

Einheitliche Formatierungen

Ein weiterer Vorteil: Wenn Sie nachträglich das Format einer Formatvorlage ändern, beispielsweise eine andere Schriftgröße oder eine andere Ausrichtung festlegen, so wird gleichzeitig auch die Formatierung aller Absätze geändert, die auf dieser Formatvorlage beruhen. Um Änderungen an der Formatierung in einem Dokument durchzuführen, genügt es also wenn Sie die entsprechende Formatvorlage ändern.

Änderungen der Formatvorlage ändern gleichzeitig Formate im Dokument.

Nachträgliche Formatierungen lassen sich auch leicht wieder entfernen, Sie weisen einem Absatz einfach die Formatvorlage Standard zu.

Formatierungen entfernen

Die Formatvorlage Standard

Die wichtigste, in Word bereits vorhandene und am häufigsten verwendete Formatvorlage ist die Vorlage **Standard**. Diese Formatvorlage enthält die Standardschriftart und das Standardabsatzformat für jeden neuen Absatz. Wenn Sie also nach dem Öffnen eines neuen Dokuments mit der Eingabe beginnen, so erhält der Text automatisch alle Formatierungen der Formatvorlage Standard. Möglicherweise haben Sie auch in der Format-Symbolleiste bereits das Listenfeld Formatvorlage mit dem Inhalt Standard bemerkt. Mit einem Mausklick auf den Auswahlpfeil dieses Feldes können Sie weitere verfügbare

Die Formatvorlage Standard enthält das Absatzformat für jeden neuen Absatz.

Formatvorlagen anzeigen lassen oder einem Text zuweisen. Sollen die Formatvorlagen und Formatierungen rechts im Aufgabenbereich erscheinen, so klicken Sie mit der Maus auf das Symbol daneben.

Formatvorlagen und Formatierung im Aufgabenbereich anzeigen	Das Listenfeld Formatvorlage
	Standard ▾

Formatvorlagen anzeigen

Die Liste der Vorlagen enthält eine Vielzahl, in Word bereits enthaltener Formatvorlagen beispielsweise die Vorlagen Überschrift 1, Überschrift 2, usw. Sie sehen gleichzeitig eine Vorschau auf das Format und erkennen am Symbol neben der Formatvorlage, ob es sich um eine Absatz- oder eine Zeichenformatvorlage handelt.

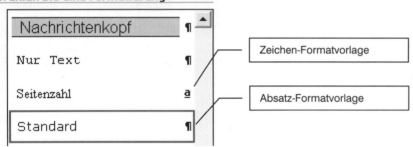

Meist erscheinen im Aufgabenbereich nicht nur die Formatvorlagen, sondern auch alle im Dokument verwendeten Formatierungen. Gerade in umfangreichen Dokumenten kann diese vollständige Liste sehr unübersichtlich sein, Sie finden daher im Aufgabenbereich unterhalb dieser Liste ein Auswahlfeld, mit dem Sie die Anzeige auf Formatvorlagen einschränken können.

Formatierung zusammen mit Vorlagen anzeigen

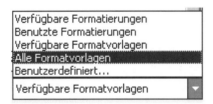

Profi Tipp:

Sie können die Anzeige auch ausschließlich auf Formatvorlagen beschränken. Dazu öffnen Sie über den Befehl EXTRAS das Dialogfenster OPTIONEN... und klicken auf das Register BEARBEITEN. Dort deaktivieren Sie unter Bearbeitungsoptionen das Kontrollkästchen "Formatierung mitverfolgen".

Ausschließlich Formatvorlagen anzeigen

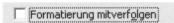

Wo werden Formatvorlagen gespeichert?

Formatvorlagen werden entweder zusammen mit dem jeweiligen Dokument oder in einer Dokumentvorlage gespeichert. Dies kann entweder die globale Dokumentvorlage Normal.dot oder eine benutzerdefinierte Dokumentvorlage sein..

- Formatvorlagen, die in der Dokumentvorlage Normal.dot gespeichert sind stehen global, d.h. in allen neuen Word Dokumenten zur Verfügung. Wenn Sie eine Formatvorlage in verschiedenen Dokumenten, beispielsweise

In allen Dokumenten verfügbar.

Briefen und Verträgen verwenden wollen, so sollte die Formatvorlage in der Dokumentvorlage Normal.dot gespeichert sein.

• Formatvorlagen die nur in einen Dokument gespeichert sind, stehen auch ausschließlich in diesem Dokument zur Verfügung, diese Option wird meist für längere Dokumente wie Handbücher oder wissenschaftliche Arbeiten gewählt.

Nur im Dokument verfügbar.

• Eine weitere Möglichkeit besteht darin, eine eigene Dokumentvorlage mit Formatvorlagen zu erstellen. Alle Formatvorlagen, die Sie zusammen mit eigenen Dokumentvorlagen erstellen und speichern, stehen dann ausschließlich für Dokumente zur Verfügung, die mit dieser Dokumentvorlage neu erstellt werden. Wie Sie Dokumentvorlagen erstellen und speichern, erfahren Sie in der Lektion Dokumentvorlagen.

Siehe Lektion Dokumentvorlagen

Formatvorlagen erstellen und zuweisen

Absatzformatvorlage
Eigene Formatvorlagen werden am einfachsten auf der Basis eines bereits formatierten Textes oder Absatzes erstellt. So gehen Sie dabei vor:

1. Sorgen Sie dafür, dass die Formatvorlagen im Aufgabenbereich sichtbar sind, entweder indem Sie auf das Symbol klicken oder über den Menübefehl FORMAT-FORMATVORLAGEN UND FORMATIERUNG.

Formatvorlagen und Formatierung einblenden.

2. Formatieren Sie einen Absatz zunächst wie gewohnt, Sie können alle Absatz- und Zeichenformate verwenden.

3. Positionieren Sie den Cursor in diesem Absatz und klicken Sie im Aufgabenbereich auf die Schaltfläche „Neue Formatvorlage".

Neue Formatvorlage aus einem bereits formatierten Absatz erstellen.

Word öffnet das Dialogfenster "Neue Formatvorlage".

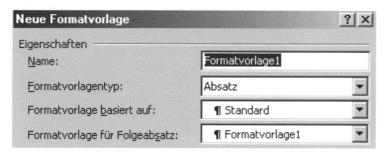

Geben Sie der Formatvorlage einen aussagekräftigen Namen und wählen Sie als Vorlagentyp Absatz aus. Im Vorschaufenster darunter sehen Sie die verwendete Formatierung sowie eine Beschreibung. Bestätigen Sie mit der Schaltfläche OK.

Name und Typ der Formatvorlage eingeben

Damit ist Ihre Formatvorlage fertig und ab sofort ebenfalls im Listenfeld zu finden.

Wichtig:
Auf zwei Optionen im Dialogfenster sollten Sie bei der Erstellung neuer Formatvorlagen besonders achten:

Zur Vorlage hinzufügen
Wenn Sie nichts anderes angeben, wird nun Ihre Formatvorlage zusammen mit dem Dokument gespeichert und steht damit ausschließlich im aktuellen Dokument zur Verfügung. Benötigen Sie die Formatvorlage auch in anderen neuen Dokumenten, so müssen Sie die Option "Zur Vorlage hinzufügen" aktivieren.

Automatisch aktualisieren
Wenn Sie das Kontrollkästchen "Automatisch aktualisieren" aktivieren, so bedeutet dies, jede Änderung am Format eines Absatzes, der auf dieser Formatvorlage beruht, wird automatisch auch in die Formatvorlage mit übernommen.

> **Vorsicht! Dies kann zu unbeabsichtigten Änderungen an der Format-vorlage führen.**

Automatisch
aktualisieren

Zeichenformatvorlage
Um eine Zeichenformatvorlage zu erstellen, markieren Sie den bereits formatierten Text. Anschließend verfahren Sie genauso wie oben beschrieben, wählen aber im Dialogfenster den Vorlagentyp "Zeichen" aus. Damit übernimmt Word automatisch alle Formatierungen des markierten Textes in die Formatvorlage.

Formatvorlagen zuweisen
Um einem Text eine **Absatz**-Formatvorlage zuzuweisen, müssen Sie zunächst den Cursor im Absatz positionieren, bzw. mehrere Absätze markieren. Word stellt Ihnen nun zwei Möglichkeiten zur Verfügung:

- Über die Symbolleiste Format wählen Sie im Listenfeld die gewünschte Formatvorlage aus, oder

Formatvorlage
zuweisen über das
Listenfeld in der
Symbolleiste

- Sie wählen die Formatvorlage rechts im Aufgabenbereich aus. Wenn Sie mit der Maus auf eine Formatvorlage zeigen, werden zusätzlich alle Formatierungen in einem Quickinfo angezeigt. Klicken Sie mit der Maus auf die gewünschte Formatvorlage.

oder im
Aufgabenbereich

Möchten Sie eine **Zeichenformatvorlage** zuweisen, so müssen Sie genau wie bei der Zeichenformatierung zuvor den Text markieren.

<u>Löschen von Formatierungen</u>

So einfach, wie sich Formatvorlagen zuweisen lassen, können Sie auch wieder vom Text entfernt werden. Sie weisen einem Text einfach eine andere Formatvorlage bzw. wieder die Formatvorlage Standard zu. Auch wenn Sie keine Formatvorlage verwendet haben, können Sie im Aufgabenbereich oder im Listenfeld der Formatvorlagen mit dem Eintrag "Formatierung löschen" zu Beginn der Liste einem Absatz wieder die Formatvorlage Standard zuweisen, d.h. alle nachträglich vorgenommenen Änderungen der Formatierung entfernen.

"Formatierung löschen" bzw. die Vorlage Standard zuweisen

Sie können aber auch Tastenkombinationen verwenden:

STRG + Leertaste	stellt für den markierten Text die Standard-Schrift wieder her, das Absatzformat wird beibehalten.
STRG + Umschalt + N	weist dem aktuellen Absatz die Absatzformatvorlage Standard zu

Diese Befehle und Tastenkombinationen gelten ebenfalls auch dann, wenn Sie zur Formatierung keine Formatvorlagen verwendet haben

Formatvorlagen anpassen

Mit Hilfe von Formatvorlagen können Sie auch sehr schnell Formatierungen im gesamten Dokument ändern.

> **Wenn Sie nachträglich das Format einer Formatvorlage ändern, so wirken sich diese Änderungen gleichzeitig auf alle Absätze aus, die mit dieser Formatvorlage formatiert wurden.**

Änderungen an der Formatvorlage wirken sich auf alle entsprechenden Absätze aus

So gehen Sie vor, wenn Sie eine bestehende Formatvorlage ändern wollen:

Blenden Sie den Aufgabenbereich "Formatvorlagen und Formatierung" über das Symbol oder das Menü FORMAT ein und suchen Sie die zu ändernde Vorlage. Wenn Sie den Mauszeiger über die Formatvorlage bewegen erscheint rechts neben der Formatvorlage ein Pfeil. Mit einem Mausklick auf den Listenpfeil öffnen Sie ein Menü, aus dem Sie den Befehl ÄNDERN... wählen.

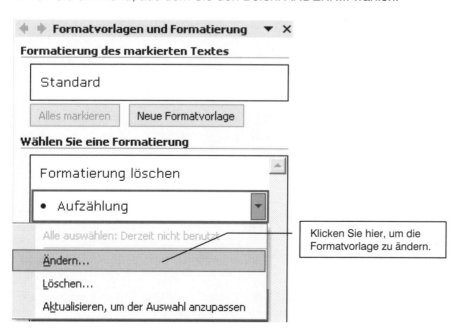

Das Dialogfenster "Formatvorlage ändern" enthält die wichtigsten Formate in Form von Symbolen, darunter eine Vorschau und eine Beschreibung. Sollten Sie die gewünschte Formatierung nicht unter den Symbolen finden, so klicken Sie auf die Schaltfläche FORMAT. Hier können Sie alle bekannten Formatierungen, einschließlich Rahmen und Schattierung, sowie Nummerierungen und Aufzählungen zuweisen. Bestätigen Sie Ihre Änderungen mit der Schaltfläche OK.

Das Dialogfenster Formatvorlage ändern:

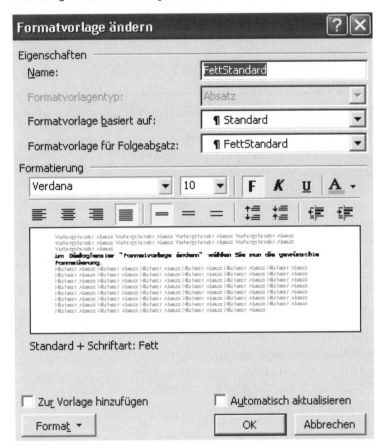

Sie können zum Ändern von Formatvorlagen auch noch anders vorgehen:

1. Suchen Sie einen beliebigen Absatz, der bereits mit der zu ändernden Formatvorlage formatiert wurde, im Aufgabenbereich erscheint die dazugehörige Formatvorlage hervorgehoben. Formatieren Sie nun den Absatz im Dokument mit den gewünschten Formaten, bzw. ändern Sie das bestehende Format.

2. Achten Sie darauf, dass sich der Cursor im geänderten Absatz befindet und klicken Sie nun auf den Listenpfeil neben der Formatvorlage.

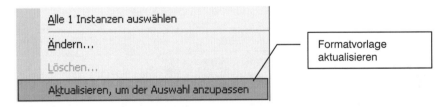

3. Mit einem Mausklick auf dem Befehl Aktualisieren... aus dem anschließenden Menü werden nun alle Formatierungen des aktuellen Absatzes unter dieser Formatvorlage gespeichert.

Formatvorlage löschen

Wenn Sie im Aufgabenbereich Formatvorlagen und Formatierung auf den Listenpfeil neben einer Formatvorlage klicken, so finden Sie hier auch den Befehl LÖSCHEN... Bestätigen Sie die nachfolgende Rückfrage mit der Schaltfläche JA, so wird die Formatvorlage gelöscht und alle Absätze mit dieser Formatvorlage erhalten automatisch wieder die Formatvorlage Standard zugewiesen. Beachten Sie, dass Sie integrierte Formatvorlagen nicht löschen können!

Tastenkombinationen für Formatvorlagen

Wenn Sie häufig Formatvorlagen verwenden, kann es nützlich sein, wenn Sie Formatvorlagen nicht nur über den Aufgabenbereich oder das Listenfeld zuweisen, sondern dazu auch Tastenkombinationen (ShortCuts) verwenden können.

Formatvorlagen schnell über die Tastatur zuweisen

Wählen Sie dazu im Aufgabenbereich die Formatvorlage aus, der Sie eine Tastenkombination zuweisen wollen und klicken im dazugehörigen Menü auf den Befehl ÄNDERN...

Im Dialogfenster "Formatvorlage ändern" klicken Sie nun auf die Schaltfläche FORMAT und wählen den Befehl Tastenkombination...

Klicken Sie nun mit der Maus in das Eingabefeld "Neue Tastenkombination" und drücken die gewünschte Tastenkombination.

Einer Formatvorlage eine Tastenkombination zuweisen:

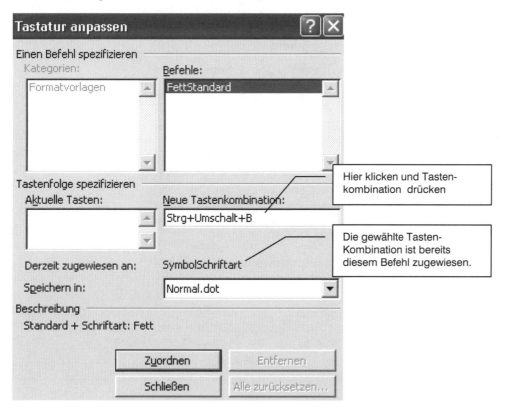

Tipps:
Verwenden Sie am besten die Tasten STRG+Umschalt in Verbindung mit einem beliebigen Buchstaben.
Sollte die gewählte Tastenkombination bereits einem anderen Befehl zugewiesen sein, so wird dieser Befehl angezeigt. In diesem Fall sollten Sie besser eine andere Tastenkombination wählen, da sonst die bestehende Befehlszuordnung überschrieben wird.

> **Achten Sie darauf, insbesondere bekannte und wichtige Tasten-Kombinationen wie STRG+A oder STRG+C nicht zu überschreiben!**

Zusammenfassung

- Formatvorlagen speichern häufig benötigte Formatierungen und eignen sich besonders, um in häufigen Dokumenttypen oder innerhalb eines Dokuments einheitliche Formate zu verwenden. Word unterscheidet zwischen Zeichen- und Absatz-Formatvorlagen.

- Zeichen-Formatvorlagen enthalten ausschließlich Zeichenformate, Absatz-Formatvorlagen hingegen können sowohl Zeichen- als auch Absatzformate enthalten.

- Die Formatvorlage Standard enthält das Standardformat für alle neuen Absätze die Sie bei der Erstellung eines neuen Dokuments eingeben. Daneben stellt Word eine Reihe weiterer integrierter Formatvorlagen zur Verfügung, die Sie zwar ändern, nicht aber löschen können.

- Standardmäßig wird eine Formatvorlage nur zusammen mit dem jeweiligen Dokument gespeichert. Formatvorlagen die zusammen mit einer Dokumentvorlage gespeichert werden, stehen in allen neuen Dokumenten zur Verfügung, die mit dieser Dokumentvorlage erstellt werden. Sollen Formatvorlagen in **allen** neuen Dokumenten zur Verfügung stehen, müssen Sie in der Dokumentvorlage Normal.dot gespeichert werden.

- Formatvorlagen können Sie über den Aufgabenbereich, das Listenfeld in der Format-Symbolleiste oder eine Tastenkombination dem Text zuweisen.

- Zum Erstellen und Bearbeiten von Formatvorlagen stellt Word den Aufgabenbereich FORMATVORLAGEN UND FORMATIERUNG zur Verfügung. Neue Formatvorlagen speichern Sie unter einem Namen und legen den Typ für die Formatvorlage fest. Soll eine bestehende Formatvorlage geändert werden, so wählen Sie die Vorlage aus und klicken auf ÄNDERN... Im nachfolgenden Dialogfenster weisen Sie die gewünschten Formatierungen zu. Beachten Sie: nachträgliche Änderungen einer Formatvorlage wirken sich auf alle Absätze aus, die auf dieser Formatvorlage basieren.

- Zum Löschen von Formatierungen wählen Sie entweder den Befehl "Formatierung löschen" oder Sie weisen dem Text wieder die ursprüngliche Formatvorlage Standard zu.

Übung

Starten Sie Microsoft Word mit einem neuen, leeren Dokument und speichern Sie das Dokument unter dem Namen **Formatvorlagen-Übung.doc**.

Geben Sie zunächst den folgenden Text mit der Standard-Formatvorlage ein.

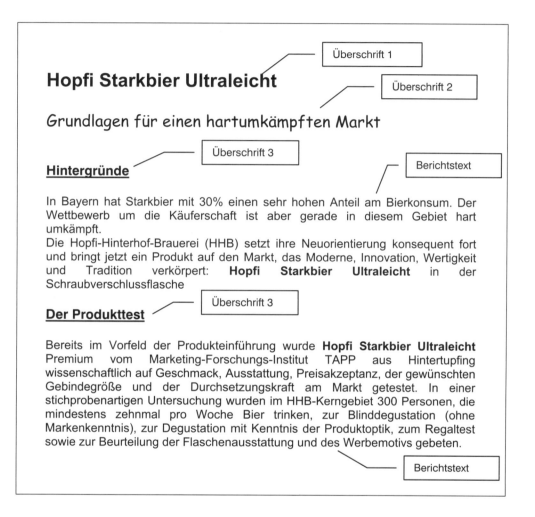

- Ändern Sie die Formatvorlagen *Überschrift 1*, *Überschrift 2* und *Überschrift 3* so ab, dass ihre Formatierung etwa der Vorlage entspricht und weisen Sie die Formatvorlagen den entsprechenden Absätzen zu.

- Legen Sie eine neue Absatz-Formatvorlage mit dem Namen *Berichtstext* an, die Sie ebenfalls entsprechend der Vorlage formatieren und anschließend den Absätzen zuweisen.

- Ändern Sie die Formatvorlage *Überschrift 1* so ab, dass sie nun mit Kapitälchen und in dunkelgrüner Schriftfarbe erscheint.

- Ändern Sie die Schrift der Formatvorlage *Überschrift 3* in kursiv.

Dokumentvorlagen

In dieser Lektion lernen Sie...

- Mit Dokumentvorlagen arbeiten
- Eigene Dokumentvorlagen erstellen
-

Was Sie für diese Lektion wissen sollten:

- Tabellen und Formatierungen

ca. 40 Min.

Was sind Dokumentvorlagen?

Vorlagen für neue Dokumente

Neben den Formatvorlagen, also gespeicherten Formatierungen kennt Word auch Vorlagen für ganze Dokumente, die **Dokumentvorlagen**. Dokumentvorlagen lassen sich am bestem mit Vordrucken vergleichen, beispielsweise einem Briefpapier mit Firmenaufdruck oder einem Rechnungsformular und können für die Erstellung neuer Dokumente beliebig oft verwendet werden. Spätere Änderungen wirken sich immer nur auf das jeweilige Dokument aus, nicht aber auf die eigentliche Dokumentvorlage.

Dokumentvorlagen können neben Text und Formatierungen auch noch weitere Elemente enthalten: Seitenränder, AutoText, Formatvorlagen und benutzerdefinierte Symbolleisten. Damit Dokumentvorlagen beim Erstellen eines neuen Dokuments verwendet werden können, müssen sie mit der Dateinamenserweiterung **.dot** (Document Template) in einem eigenen Vorlagen-Ordner von Microsoft Office gespeichert werden.

Dateinamens-erweiterung .dot

Die Dokumentvorlage NORMAL.dot

Im Grunde basiert jedes Word-Dokument auf einer Dokumentvorlage. Wenn Sie ein neues, leeres Dokument durch Mausklick auf das Symbol Neu in der Symbolleiste erstellen oder mit dem neuen Dokument beginnen, das automatisch beim Starten geöffnet wird, so basiert dieses Dokument auf der Dokumentvorlage NORMAL.dot.

Neue leere Dokumente verwenden die Vorlage NORMAL

Eine Dokumentvorlage enthält unter anderem Seiteneinstellungen wie die Seitenränder, Formatvorlagen, AutoText und benutzerdefinierte Symbolleisten. In der Dokumentvorlage NORMAL sind daher bereits Seitenränder, die Formatierungen der Formatvorlage Standard und weitere Formatvorlagen, die Standardschriftart, sowie die bereits vordefinierten AutoText-Einträge gespeichert.

Ändern Sie beispielsweise in einem Dokument, das auf der Vorlage NORMAL basiert im Dialogfenster SEITE EINRICHTEN die Seitenränder und klicken anschließend auf die Schaltfläche STANDARD... anstatt OK, so ändern Sie damit die Standardeinstellungen für die Seitenränder aller neuen Dokumente, die auf der Vorlage NORMAL basieren. Sie haben also die Seitenränder der Dokumentvorlage NORMAL geändert.

Auch wenn Sie AutoText-Einträge erstellen oder benutzerdefinierte Symbolleisten, so werden diese zusammen mit der verwendeten Dokumentvorlage, also meist der Vorlage NORMAL gespeichert und stehen in diesem Fall auch allen anderen Word Dokumenten zur Verfügung.

AutoText und Formatvorlagen werden mit der Dokumentvorlage gespeichert.

Weitere Dokumentvorlagen verwenden

Erstellen Sie ein neues Dokument über den Menübefehl DATEI–NEU..., so erscheint zunächst der Aufgabenbereich NEUES DOKUMENT.
Im Abschnitt MIT VORLAGE BEGINNEN stellt Ihnen Word unter ALLGEMEINE VORLAGEN... eine Auswahl an verschiedenen, vorgefertigten Dokumentvorlagen für verschiedene Einsatzzwecke zur Verfügung.

Vordefinierte Dokumentvorlagen

Die Vorlagen sind in Registern nach Verwendungszweck geordnet. Ein Zauberstab auf dem Symbol bedeutet, diese Vorlage verfügt zusätzlich über einen Assistenten, der Sie in einzelnen Schritten beispielsweise durch die Erstellung eines Briefs führt.

Briefassistent

Die integrierten Dokumentvorlagen für Briefe und Faxe von Word

Rechts im Fenster erscheint eine Vorschau auf die markierte Vorlage, darunter können Sie den Typ des neuen Dokuments wählen:

- **Dokument** bedeutet, Sie erstellen mit Hilfe der gewählten Vorlage ein normales Word-Dokument.

Neues Dokument oder neue Vorlage aus der Vorlage erstellen.

- **Vorlage** bedeutet: Sie verwenden die ausgewählte Vorlage und ändern sie nach eigenen Vorstellungen um eine neue, benutzerdefinierte Dokumentvorlage zu erstellen.

Zum Öffnen markieren Sie die gewünschte Vorlage und bestätigen mit der Schaltfläche OK.

Benutzerdefinierte Dokumentvorlagen

Zum Erstellen eigener Dokumentvorlagen haben Sie verschiedene Möglichkeiten zur Auswahl:

- Sie verwenden eine bereits bestehende Dokumentvorlage, ändern diese ab und speichern sie erneut als Dokumentvorlage. In diesem Fall wählen Sie die gewünschte Vorlage wie oben beschrieben und wählen als Typ des neuen Dokuments die Option VORLAGE.

- Sie verwenden ein bereits existierendes normales Word-Dokument und speichern es als Dokumentvorlage

- Sie erstellen eine neue Dokumentvorlage auf der Basis der Vorlage NORMAL, das bedeutet Sie beginnen mit einem leeren Dokument.

So gehen Sie vor, wenn Sie mit einem neuen, leeren Dokument beginnen und beispielsweise eine Dokumentvorlage für Briefe erstellen wollen.

Als Dokumentvorlage speichern

Öffnen Sie ein neues, leeres Dokument und speichern Sie das Dokument als **Vorlage**. Dazu rufen Sie den Menübefehl DATEI-SPEICHERN UNTER... auf. Geben Sie als Dateinamen einen aussagekräftigen Namen, beispielsweise BRIEFVORLAGE ein und wählen Sie als Dateityp **Dokumentvorlage** (*.dot). Word wählt damit automatisch den Ordner **Vorlagen** als Speicherort aus und speichert Ihre Vorlage mit der Dateinamenserweiterung .dot. Der Ordner Vorlagen ist der Standardordner für Dokumentvorlagen. Sie können jedoch diesen Standardordner ändern, näheres dazu unter "Speicherort für Dokumentvorlagen".

Dateityp Dokumentvorlage wählen.

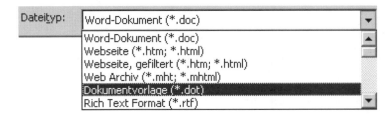

Damit eigene Dokumentvorlagen später auch verwendet werden können, müssen Sie im Standardordner für Vorlagen gespeichert werden.

Dokumentvorlagen im Ordner Vorlagen speichern!

Dokumentvorlage bearbeiten

Nun bearbeiten Sie die Dokumentvorlage wie ein normales Word-Dokument:

- Stellen Sie die Seitenränder ein,

- Legen Sie die Standardschriftart und -schriftgröße fest indem Sie die Formatvorlage Standard entsprechend ändern.

- Geben Sie den Text ein, der auf allen Dokumenten erscheinen soll, beispielsweise Absender, Firmenlogo, Bankverbindung, usw. und formatieren Sie die Angaben.

- Falls erforderlich, speichern Sie AutoText-Einträge, beispielsweise Grußformeln, Zahlungsfristen, Werbeinfos, usw.

- Benötigen Sie auch Formatvorlagen, so erstellen Sie diese ebenfalls und achten Sie darauf, dass Sie die Formatvorlagen der Dokumentvorlage hinzufügen! Diese Formatvorlagen stehen später ausschließlich in Dokumenten zur Verfügung, die auf dieser Dokumentvorlage beruhen.

- Auch Kopf- und Fußzeilen können Sie bereits in der Vorlage gestalten.

- Speichern und schließen Sie zuletzt Ihre Vorlage.

Tipp:

Zur Gestaltung von Briefköpfen eignen sich am besten Tabellen, die Sie ohne Rahmenlinien formatieren. Sie können damit die verschiedenen Adressangaben, Bankverbindungen, Bezugszeichenzeile oder Infoblock sowie Logos am besten ausrichten. Auch das Anschriftfeld für die Empfängeradresse ist so später schneller ersichtlich.

Tabellen zur Gestaltung von Briefköpfen.

Beispiel Briefvorlage:

Dokumentvorlage verwenden

Ihre benutzerdefinierten Dokumentvorlagen stehen Ihnen nun zusammen mit den vordefinierten Vorlagen beim Erstellen eines neuen Dokuments zur Verfügung. Über den Menübefehl DATEI-NEU... oder nach dem Starten von Word klicken Sie im Aufgabenbereich auf den Befehl ALLGEMEINE VORLAGEN... Benutzerdefinierte Vorlagen finden Sie standardmäßig im Register ALLGEMEIN.

Register Allgemein

Dokumentvorlage ändern

Möchten Sie eine benutzerdefinierte Dokumentvorlage ändern, so müssten Sie eigentlich die Vorlage im entsprechenden Ordner C:\...\Microsoft\Vorlagen öffnen, die gewünschten Änderungen vornehmen und anschließend speichern. Da sich der Ordner Vorlagen, abhängig von Version und Installation des Betriebssystems an unterschiedlichen Orten befinden kann, ist diese Möglichkeit nur dann zu empfehlen, wenn Sie die Ordnerstruktur Ihres PCs genau kennen.

Eine andere, wesentlich einfachere Möglichkeit besteht darin, dass Sie, wie oben beschrieben unter Verwendung der bisherigen Dokumentvorlage eine neue Vorlage erstellen, hier Ihre Änderungen vornehmen und anschließend als Dokumentvorlage erneut speichern. In diesem Fall müssen Sie allerdings die Vorlage unter einem anderen Dateinamen speichern.

Neue Vorlage aus der bisherigen erstellen.

Dokumentvorlage löschen

Um eine nicht mehr benötigte Dokumentvorlage zu löschen, öffnen Sie im Aufgabenbereich über den Befehl Allgemeine Vorlagen... das Fenster Vorlagen und klicken mit der rechten Maustaste auf die zu löschende Vorlage. Im Kontextmenü erscheint nun der Befehl LÖSCHEN den Sie mit der linken Maustaste bestätigen.

Kontextmenü: löschen

Speicherort für Dokumentvorlagen

Standardmäßig werden Dokumentvorlagen in Word im Ordner C:\...\Microsoft\Vorlagen gespeichert. Wenn Sie keinen anderen Ordner als Ordner für Dokumentvorlagen festgelegt haben, müssen Sie Ihre Dokumentvorlagen in diesem Ordner speichern.

Profi Tipp:

Möchten Sie in einem Netzwerk benutzerdefinierte Dokumentvorlagen auch anderen Benutzern zur Verfügung stellen, so können Sie den Speicherort für Benutzervorlagen ändern. Dazu öffnen Sie über das Menü EXTRAS das Dialogfenster OPTIONEN... und wählen das Register Speicherort für Dateien. Markieren Sie nun den Dateityp Benutzervorlagen und klicken Sie auf die Schaltfläche ÄNDERN... um einen anderen Ordner für Vorlagen auszuwählen.

Einen anderen Ordner für Vorlagen wählen

Speicherort für benutzerdefinierte Dokumentvorlagen ändern:

Ansicht	Allgemein	Bearbeiten	Drucken	Speichern	Sicherheit

Rechtschreibung und Grammatik	Änderungen verfolgen	Benutzerinformationen

Kompatibilität	Speicherort für Dateien

Dateispeicherorte

Dateityp: Speicherort:

Dateityp	Speicherort
Dokumente	C:\...\Standard\Eigene Dateien
Clipartgrafiken	
Benutzervorlagen	C:\...\Anwendungsdaten\Microsoft\Vorlag...
Arbeitsgruppenvorlagen	
AutoWiederherstellen-Dateien	C:\...\Anwendungsdaten\Microsoft\Word
Wörterbücher	C:\Programme\Microsoft Office\Office10
AutoStart	C:\...\Microsoft\Word\StartUp

Zusammenfassung

- Dokumentvorlagen sind "Vordrucke", die beliebig oft für die Erstellung neuer Dokumente verwendet werden können, jedes Word-Dokument basiert auf einer Dokumentvorlage. Word verfügt bereits über eine Reihe verschiedener Vorlagen für unterschiedliche Zwecke, Sie können aber auch eigene Dokumentvorlagen erstellen. Dokumentvorlagen können wiederkehrende Texte und Grafiken, Seiteneinstellungen, Formatvorlagen und AutoText enthalten.

- Die Dokumentvorlage NORMAL.dot ist diejenige Vorlage, die verwendet wird, wenn Sie ein neues, leeres Dokument öffnen. Änderungen an Formatvorlagen, bzw. eigene Formatvorlagen und AutoText sowie benutzerdefinierte Symbolleisten werden in diesem Fall zusammen mit der Dokumentvorlage NORMAL gespeichert und stehen somit allen neuen Word-Dokumenten, die auf dieser Vorlage basieren ebenfalls zur Verfügung.

- Eigene Dokumentvorlagen können Sie entweder beginnend mit einem leeren Dokument oder unter Verwendung einer anderen, bereits bestehenden Vorlage erstellen. Wählen Sie beim Speichern den Dateityp Dokumentvorlage aus, so wird Ihre Vorlage automatisch mit der Dateinamenserweiterung .dot im Ordner ...Microsoft\Vorlagen gespeichert. Wenn Sie nichts anderes festgelegt haben, ist dies der Standardordner für Dokumentvorlagen. Alle Formatvorlagen und AutoTexte, die zusammen mit einer benutzerdefinierten Dokumentvorlage gespeichert werden, stehen ausschließlich in Dokumenten zur Verfügung, die auf dieser Dokumentvorlage beruhen.

- Alle Dokumentvorlagen, einschließlich benutzerdefinierter finden Sie, wenn Sie mit dem Menübefehl DATEI-NEU... im Aufgabenbereich auf den Befehl ALLGEMEINE VORLAGEN... klicken.

- Zum Ändern einer bestehenden Vorlage erstellen Sie am einfachsten eine neue Vorlage unter Verwendung der alten, die Sie unter einem anderen Namen erneut als Dokumentvorlage speichern.

Übung

Erstellen Sie für einen beliebigen Verein eine Dokumentvorlage mit Briefkopf, die später für Briefe verwendet werden soll. Speichern Sie die Dokumentvorlage unter dem Namen *Vereinsbrief.dot*.

Hier ein Beispiel:

Kaninchenzüchterverein Feldweiler ev.
Hasenwiese 3
99999 Feldweiler

Feldweiler, den ....

Erstellen Sie anschließend mit dieser Dokumentvorlage nacheinander verschiedene Beispielbriefe, z.B. Einladung zur Vereinsfeier, Rechnung über den Jahresbeitrag und ähnliches.

Grafik einfügen und positionieren

In dieser Lektion lernen Sie...

- Wie Sie ClipArt und Bilder in ein Word-Dokument einfügen
- Grafik im Text richtig positionieren
- Text in Textfeldern einfügen

Was Sie für diese Lektion wissen sollten:

- Word Grundlagen
- Zeichen- und Absatzformate

ca. 40 Min.

In ein Word Dokument können verschiedene Arten von Grafik eingefügt werden: Fotos und Bilder wie sie beispielsweise in der **ClipArt** Sammlung zu finden sind, Zeichnungsobjekte, die Sie mit Hilfe der Symbolleiste ZEICHNEN im Dokument erstellen oder Bilder, die als Datei auf Ihren PC gespeichert sind. Zu diesen Zeichnungsobjekten zählen auch die so genannten **WordArt**-Objekte, kurze Texte, die Sie mit besonderen Effekten versehen können. **Textfelder** bieten in Word eine Möglichkeit, nicht nur Grafik, sondern auch Texte in einem Dokument an beliebiger Stelle zu positionieren.

ClipArt, WordArt - Objekte und Bilder einfügen.

Bei der Positionierung und nachträglichen Bearbeitung unterscheidet Word nicht zwischen den verschiedenen Objektarten, das bedeutet dass Sie die nachfolgend beschriebenen Schritte auf alle eingefügten Objekte anwenden können.

Achten Sie beim Einfügen und Positionieren von Grafikobjekten darauf, in der Ansicht SEITENLAYOUT (Menü ANSICHT) zu arbeiten, da sonst die Grafik eventuell nicht korrekt angezeigt wird!

Ansicht Seitenlayout verwenden!

Grafik einfügen

Wenn Sie auf den Menübefehl EINFÜGEN–GRAFIK klicken, so können Sie anschließend aus dem Untermenü die Art der Grafik (WordArt, Diagramm ...) genauer wählen. Ist die Grafik oder das Foto als Datei in einem Ordner gespeichert, so verwenden Sie den Befehl AUS DATEI...
Alle Grafiken und Zeichnungsobjekte werden zunächst an der Cursorposition eingefügt, so dass Sie beim Einfügen am besten den Cursor in einer Leerzeile positionieren sollten.

Grafik wird an der Cursorposition eingefügt.

Am Beispiel einer ClipArt-Grafik wird nachfolgend das Einfügen und Positionieren einer Grafik genauer beschrieben.

Das Untermenü EINFÜGEN-GRAFIK:

ClipArt einfügen

Mit der Auswahl **ClipArt...** können Sie auf eine Sammlung von Grafiken und Bildern zurückgreifen, die als Bestandteil des Microsoft Office-Pakets in den meisten Fällen bereits installiert ist. Die ClipArt- Sammlung stellt neben den Bildern auch ein kleines Programm, den Clip-Organizer zur Verwaltung und zur schnellen Suche zur Verfügung.

Die ClipArt Sammlung ist im Office-Paket integriert.

Mit dem Befehl EINFÜGEN-GRAFIK-CLIPART... öffnet Word den Aufgabenbereich "ClipArt einfügen". Zur Suche nach geeigneten Grafiken in der Sammlung stehen nun zwei Möglichkeiten zur Auswahl:

Stichwortsuche

Sie können nach ClipArts zu einem bestimmten Thema suchen. In diesem Fall geben Sie in das Eingabefeld einen Suchbegriff ein, um beispielsweise nach allen Grafiken zum Thema "Büro" zu suchen. Mit einem Mausklick auf die Schaltfläche SUCHEN starten Sie die Suche.

Hinweis: verwenden Sie am besten einfache Suchbegriffe, da nicht alle Begriffe im Suchindex vorhanden sind. So liefert beispielsweise zwar eine Suche nach dem Wort "Baum" mehrere Ergebnisse, nicht aber mit den Wörtern "Tannenbaum" oder "Tanne".

Einfache Suchbegriffe verwenden

Die Suchoptionen bieten eine zusätzliche Möglichkeit, ausschließlich bestimmte Sammlungen zu durchsuchen oder die Suche auf einen bestimmten Dateityp einzuschränken.

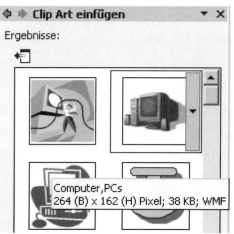

Die Suchergebnisse werden in der Vorschau angezeigt. Zum Einfügen einer Grafik genügt ein Mausklick direkt in das Bild, oder Sie wählen aus dem Kontextmenü den Befehl EINFÜGEN.

Einfügen einer ClipArt Grafik mit einem Mausklick.

Clip-Organizer

Der Clip-Organizer ist ein kleines Programm, das alle Grafiken, Bilder und ClipArts nach Themen katalogisiert. Sie finden den Clip-Organizer rechts unten im Aufgabenbereich, beziehungsweise bietet Word beim ersten Aufruf der ClipArt Sammlung automatisch an, den Clip-Organizer zu verwenden.

Die Sammlungsliste zeigt alle Ordner mit katalogisierten Grafiken an. Im Ordner Office Sammlungen finden Sie alle ClipArts des Microsoft Office Pakets. Die einzelnen Kategorien erscheinen, wenn Sie mit der Maus auf das + Zeichen vor dem Ordner klicken. Zum Teil sind weitere Unterkategorien vorhanden die Sie ebenfalls mit Mausklick ein- oder ausblenden. Im rechten Bereich des Clip-Organizers sehen Sie eine Vorschau. Zum Einfügen einer Grafik in das Dokument verwenden Sie die **Zwischenablage**: Klicken Sie auf den Pfeil neben der markierten Grafik und wählen den Befehl KOPIEREN.

Zum Einfügen wird die Zwischenablage verwendet.

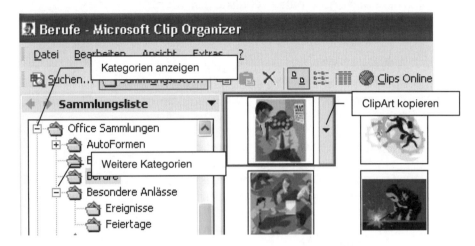

Nun wechseln Sie wieder in Ihr Dokument, positionieren den Cursor an der Stelle, an der Sie die Grafik aus der Zwischenablage einfügen wollen und verwenden entweder den Menübefehl BEARBEITEN-EINFÜGEN oder klicken auf das Symbol Einfügen, bzw. drücken die Tastenkombination STRG+V.

Aus der Zwischenablage einfügen

> **Achten Sie darauf, dass Sie den Clip Organizer nicht schließen, da sonst die Grafik eventuell aus der Zwischenablage gelöscht wird!**

Clip Organizer nicht schließen!

Eine andere Möglichkeit besteht darin, dass Sie die Grafik mit gedrückter linker Maustaste aus dem Clip Organizer heraus in das Word Dokument ziehen.

Größe ändern
Unabhängig davon, ob Sie eine Grafik aus der ClipArt Sammlung oder aus einer Datei in Ihr Dokument eingefügt haben ist im nächsten Schritt meist eine Anpassung der Größe erforderlich. Dazu müssen Sie die Grafik mit einem Mausklick markieren.

Grafik markieren

Computerlexikon

Befehlszeile: Programmzeile im Computerprogramm, die dem Anwender eine so kurze Anweisung gibt, dass dieser sie nicht versteht.

Einsteiger: wagemutige Zeitgenossen, die, ähnlich wie die Freihandkletterer in den Felsen, mit vollem Risiko ihre neuen Computer anschalten, um sich in eine völlig unbekannte Welt zu begeben, in der sie beim Einsteigen schon wieder ans Aussteigen denken.

Eine markierte Grafik erkennen Sie an den Markierungspunkten, abhängig vom Textfluss sind dies entweder schwarze Quadrate oder weiße Kreise. Bewegen Sie nun den Mauszeiger an einen der Markierungspunkte, sobald der Mauszeiger die Form eines Doppelpfeils annimmt, können Sie mit gedrückter linker Maustaste durch Ziehen die Größe ändern.

Größenänderung mit der Maus.

Hinweis: Wenn Sie die Größe an einem der Eckpunkte ändern, so wird das Verhältnis Länge und Breite nicht verändert, die Proportionen werden beibehalten.

Seitenverhältnis beibehalten!

Exakter können Sie die Größe im Dialogfenster GRAFIK FORMATIEREN festlegen. Dieses Fenster öffnen Sie entweder mit einem Doppelklick in die Grafik oder über den Menübefehl FORMAT-GRAFIK FORMATIEREN...

Hinweis: Dieser Befehl erscheint nur dann im Menü FORMAT, wenn Sie eine Grafik markiert haben.

Grafik zuvor markieren!

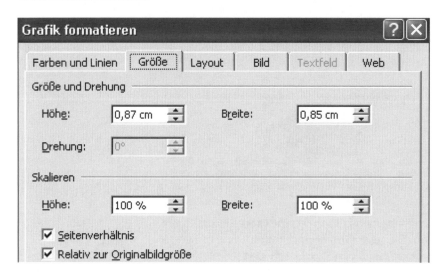

Im Register Größe können Sie nun entweder die genaue Größe in Zentimeter oder eine prozentuale Skalierung festlegen, achten Sie auch hier darauf, das Seitenverhältnis beizubehalten.

Die Symbolleiste Grafik

Wenn eine Grafik markiert ist, so erscheint standardmäßig die dazugehörige Symbolleiste GRAFIK, sollte dies nicht der Fall sein, so markieren Sie die Grafik und blenden die Symbolleiste über das Menü ANSICHT ein. Zur weiteren Bearbeitung von Grafiken stellt Word mit dieser Symbolleiste eine ganze Reihe von Befehlen zur Verfügung, nachfolgend werden nur die wichtigsten Symbole kurz beschrieben.

Die Symbolleiste Grafik:

Grafik zurücksetzen

Über das Symbol Grafik zurücksetzen, können Sie nachträgliche Änderungen jederzeit wieder rückgängig machen.

Grafik zuschneiden

Wollen Sie die Grafik nicht verkleinern, sondern bestimmte Bereiche abschneiden, so klicken Sie auf das Symbol ZUSCHNEIDEN und schneiden mit gedrückter linker Maustaste die Grafik auf die gewünschte Größe zu.

Grafik zuschneiden

Grafik positionieren und Textumbruch

Eine Grafik kann mit gedrückter linker Maustaste im Text beliebig verschoben werden. Wie die Grafik in einem Word-Dokument genauer positioniert wird und in welcher Form Ihr Text die Grafik umgibt (Textfluss), hängt von Ihren Word-Einstellungen ab. In den meisten Fällen wird eine Grafik zunächst **wie Text** eingefügt, das bedeutet, die Grafik verhält sich wie ein beliebiges Zeichen. In dieser Form befindet sich eine Grafik genau wie andere Zeichen zusammen mit Text in einer Zeile, die Zeilenhöhe richtet sich dabei nach der Höhe der Grafik. Nur mit dieser Umbruchart kann eine Grafik auch in der Ansicht Normal angezeigt werden.

Grafik wie Text einfügen

Eine Grafik die als Text im Dokument eingefügt wurde, wird mit schwarzen Quadraten als Markierungspunkten gekennzeichnet.

Eine Grafik zusammen mit Text in einer Zeile:

Einsteiger: wagemutige Zeitgenossen, die, ähnlich wie die Freihandkletterer in den

Felsen, mit vollem Risiko ihre neuen Computer anschalten, um sich in eine völlig unbekannte Welt zu begeben, in der sie beim Einsteigen schon wieder ans Aussteigen denken.

Soll der Text im Dokument um die Grafik herum fließen, so müssen Sie die Grafik entsprechend formatieren. Markieren Sie die Grafik und öffnen Sie entweder über das Menü FORMAT oder mit Doppelklick in die Grafik das Dialogfenster GRAFIK FORMATIEREN, Register Layout oder klicken Sie in der Symbolleiste Grafik auf das Symbol TEXTFLUSS. Word bietet verschiedene Einstellungen für den Textfluss an:

Textfluss steuern:

Textfluss steuern

Die häufigsten Umbrucharten sind die Einstellungen RECHTECK und PASSEND. Sobald eine Grafik nicht mehr wie Text behandelt wird, verändern auch die Markierungspunkte ihr Aussehen. Sie sehen anstelle von schwarzen Quadraten nun kleine weiße Kreise. Ein zusätzlicher grüner Kreis zeigt Ihnen an, dass Sie über diesen Punkt die Grafik auch frei drehen können (Ab Version Word 2002). Mit gedrückter linker Maustaste können Sie nun die Grafik an die gewünschte Stelle ziehen, der umgebende Text fließt immer um die Grafik herum.

Die Grafik beliebig drehen.

Wichtige Umbrucharten:

	Rechteck / Quadrat: Der Text fließt um die Grafik in rechteckiger Form herum.
	Passend: Der Text fließt um die Konturen der Grafik herum.
	Hinter den Text: Der Text befindet sich vor der Grafik, gleichzeitig sollte aber die Helligkeit der Grafik entsprechend verändert werden.
	Vor den Text: Die Grafik liegt vor dem Text, der dadurch zum Teil überdeckt wird.

Achten Sie bei der Positionierung einer Grafik auch auf die Lesbarkeit des umgebenden Textes, hier ein Beispiel:

Absätze, die durch eine nicht leicht zu lesen, wie sollten daher eine Grafik rechten Seitenrand Grafik geteilt wurden, sind dieses Beispiel zeigt. Sie entweder am linken oder positionieren.

Exakte Positionierung
Sie können durch Ziehen mit der Maus eine Grafik an jede beliebige Stelle eines Dokuments verschieben, zur exakten Positionierung sollten Sie besser das Dialogfenster GRAFIK FORMATIEREN... entweder mit Doppelklick in die Grafik oder über das Menü FORMAT öffnen.

Im Register Layout legen Sie die Ausrichtung der Grafik am Seitenrand fest oder öffnen mit einem Mausklick auf die Schaltfläche WEITERE... das Dialogfenster ERWEITERTES LAYOUT, in dem Sie noch zusätzliche Einstellungen vornehmen können, beispielsweise die exakte vertikale und horizontale Bildposition in Relation zur Spalte, zum Seitenrand oder zur Seite.

Genaue Position in Relation zur Spalte, oder Seite.

Grafik verankern
Möglicherweise ist Ihnen beim Bearbeiten und Positionieren einer Grafik ein kleines Ankersymbol vor der ersten Zeile eines Absatzes aufgefallen. Das Ankersymbol bedeutet, dass die Grafik mit diesem Absatz automatisch verbunden ist. Verschieben Sie die Grafik, so wandert auch der Anker mit, das bedeutet, die Grafik wird mit einem anderen Absatz verbunden. Wird dagegen der dazugehörige Absatz durch nachträgliches Einfügen oder Löschen

Grafik mit Absatz verbinden.

verschoben, so wandert die Grafik mit, die relative Position zwischen Anker und Grafik bleibt erhalten.

Sie finden den Anker jeweils vor der ersten Zeile des Absatzes mit dem die Grafik automatisch verbunden ist. Der Anker erscheint nicht in der Umbruchart "mit Text in Zeile".

Der Anker wird auf dem Bildschirm nur angezeigt, wenn eine Grafik markiert ist und die Steuerzeichen eingeblendet wurden!

Eine verankerte Grafik:

Textfelder

Ähnlich wie Grafik-Objekte können auch Texte in einem Dokument beliebig positioniert werden. Dazu stellt Word **Textfelder** zur Verfügung. Sie können Textfelder in den normalen Text einfügen und im Dokument verschieben, sowie den Textfluss um das Textfeld festlegen.

Text wie Grafik positionieren

Ein Textfeld wird wie eine Grafik behandelt und positioniert.

Zum Einfügen eines Textfeldes rufen Sie den Menübefehl EINFÜGEN – TEXTFELD auf, das entsprechende Symbol finden Sie auch in der Symbolleiste ZEICHNEN. Der Mauszeiger wird in Form eines Fadenkreuzes dargestellt und Sie können nun mit gedrückter linker Maustaste ein rechteckiges Textfeld an der gewünschten Stelle im Text zeichnen. Zusammen mit dem Textfeld erscheint außerdem die Symbolleiste TEXTFELD.

Textfeld einfügen.

Sollte sich der Cursor nicht im Textfeld befinden, so klicken Sie in das Feld und geben Text ein. Markierte Textfelder sind zusätzlich zu den Markierungspunkten auch noch mit einer Schraffur gekennzeichnet. Innerhalb eines Textfeldes sind alle bekannten Zeichen- und Absatzformatierungen, sowie Tabulatoren und Tabellen möglich.

In einem Textfeld können alle Formatierungen verwendet werden.

Hinweis: Sie können auch bereits vorhandenen Text in ein Textfeld umwandeln, markieren Sie dazu den Text und rufen dann den Befehl EINFÜGEN-TEXTFELD auf.

Zum Verschieben, Vergrößern und Verkleinern des Textfeldes verfahren Sie, wie oben in Zusammenhang mit Grafiken beschrieben. Auch den Textfluss regeln Sie im Dialogfenster TEXTFELD FORMATIEREN... das Sie über das Menü FORMAT oder mit Doppelklick in das Textfeld öffnen können.

Standardmäßig werden Textfelder mit Rahmenlinien angezeigt und gedruckt, Sie können aber im Dialogfenster TEXTFELD FORMATIEREN, Register FARBEN UND LINIEN die Rahmenart und -farbe ändern, bzw. ohne Linie formatieren oder einer Füllfarbe versehen.

Rahmenlinien und Füllfarbe.

Zeichnungsbereich ausblenden

Standardmäßig erzeugt Word zusammen mit einem Textfeld einen so genannten Zeichnungsbereich. Wollen Sie dies unterbinden, so öffnen Sie über das Menü EXTRAS das Dialogfenster OPTIONEN und deaktivieren im Register ALLGEMEIN das Kontrollkästchen "Automatisch Zeichnungsbereich erzeugen".

Automatischer Zeichnungsbereich

WordArt

Besondere Schrifteffekte stehen in Word in Form von WordArt-Objekten zur Verfügung. Beachten Sie aber, dass sich diese Effekte nur für kurze Texte eignen. Positionieren Sie im Dokument den Cursor an der gewünschten Stelle oder markieren Sie bereits vorhandenen Text und wählen Sie über das Menü EINFÜGEN-GRAFIK den Befehl WordArt...

WordArt einfügen

Nur für kurze Texte geeignet!

Im nachfolgen Fenster, dem WortArt-Katalog markieren Sie das gewünschte Format und klicken auf die Schaltfläche OK:

WordArt-Katakog

Im nächsten Schritt bearbeiten Sie Ihren Text. Haben Sie bereits Text markiert, so erscheint dieser hier, ansonsten geben Sie anstelle des Platzhalters Ihren Text ein.

![WordArt-Text bearbeiten Dialogfenster mit Schriftart Impact, Schriftgrad 36, und Text "Sonderpreis"]

Geben Sie den gewünschten Text ein.

Nachdem Sie mit OK bestätigt haben, fügt Word den WordArt-Text an der Cursorposition im Dokument ein. WordArt-Texte werden wie Grafik verschoben und im Dokument ausgerichtet, siehe ClipArt einfügen und positionieren.

Zusammen mit WortArt blendet Word eine weitere Symbolleiste ein, mit der Sie WordArt-Text weiter bearbeiten können. Diese Symbolleiste erscheint nur, wenn

Sie WordArt-Text markiert haben, bei Bedarf blenden Sie die Leiste über das Menü ANSICHT-SYMBOLLEISTEN ein.

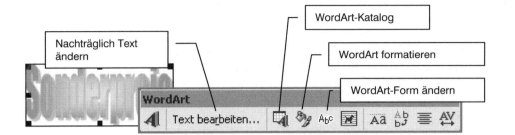

Die Symbolleiste
WordArt

- Das Symbol WordArt-Katalog ermöglicht auch nachträglich eine Änderung des gewählten WordArt-Formats.

- Farbgebung und Fülleffekte ändern Sie über das Symbol "WordArt formatieren" und mit dem Symbol "WordArt-Form ändern" bietet Word eine Auswahl an weiteren Ausrichtungen, beispielsweise kreis- oder halbkreisförmig an.

Weitere
Formatierungen

Zusammenfassung

- Über das Menü EINFÜGEN-GRAFIK können verschiedene Grafik-Objekte in Word-Dokumente eingefügt werden, beispielsweise als Datei gespeicherte Bilder, Grafiken aus der ClipArt Sammlung, oder weitere Objekte wie WordArt. Bei der Bearbeitung und Positionierung unterscheidet Word nicht zwischen den verschiedenen Objektarten.

- Dokumente mit Grafikobjekten sollten ausschließlich in der Ansicht Seitenlayout bearbeitet werden, da die Grafik sonst nicht korrekt dargestellt wird.

- Zur Änderung der Größe einer Grafik verwenden Sie die Markierungspunkte, Sie sollten dabei auf Beibehaltung der ursprünglichen Proportionen achten. Die exakte Größe einer Grafik steuern Sie über den Menübefehl FORMAT - GRAFIK... Weitere Funktionen wie Zuschneiden oder nachträgliche Grafikbearbeitung stellt Word über die Symbolleiste GRAFIK zur Verfügung.

- Um den Textfluss der Absätze um die Grafik herum zu steuern, müssen Sie die Grafik formatieren. Mit den Optionen "Rechteck" oder "Passend" fließt der Text um die Grafik herum und passt sich automatisch an, auch wenn Sie die Grafik nachträglich verschieben. Ist die Grafik dagegen so formatiert, dass sie zusammen mit Text in einer Zeile steht, so bedeutet dies, sie wird wie ein beliebiges Zeichen behandelt.

- Eine Grafik kann mit einem Absatz verankert werden (Ankersymbol), ändert sich nachträglich die Position des Absatzes, so wandert auch die Grafik mit, die relative Position der Grafik zum Absatz bleibt erhalten.

- Textfelder ermöglichen es, auch Texte wie Grafikobjekte in einem Dokument beliebig zu positionieren und zu verschieben. In einem Textfeld können alle Zeichen- und Absatzformate, sowie Tabstopps und Tabellen verwendet werden.

- Mit WordArt fügen Sie kurze Texte zusammen mit verschiedenen Schrifteffekten in ein Dokument ein. Auch WordArt-Texte werden wie Grafiken positioniert, weitere Formatierungs- und Bearbeitungsmöglichkeiten finden Sie in der Symbolleiste WordArt.

Übung

Starten Sie Microsoft Word mit einem neuen, leeren Dokument und speichern Sie das Dokument unter dem Namen *Bericht.doc*.

Geben Sie den nachfolgenden Text ein und gestalten Sie den Text mit ClipArts ähnlich der Vorlage.

Neues aus der Arbeitswelt

Auf den richtigen Bleistift kommt es an

Gestern stellte der Interessenverband der Bleistiftnutzer, IVdBN anlässlich seiner Jahreshauptversammlung eine aktuelle Studie zum Nutzverhalten des Bleistiftverbrauchers vor.

Aus dieser Studie geht deutlich hervor, wie wichtig die richtige und ergonomische Gestaltung eines Bleistifts für die Produktivität der gesamten deutschen Wirtschaft ist. In Büros und Haushalten wurden im vergangenen Jahr wurden rund 1 520 399 m Bleistifte verbraucht. Hält man sich dieses Zahlenergebnis vor Augen, so wird deutlich, welchen Einfluß die Wahl des richtigen Bleistiftes auf das Bruttosozialprodukt hat.

Der volkswirtschaftliche Schaden, der auf die Verwendung nicht ausreichend geprüfter Schreibgeräte zurückzuführen ist, dürfte nach Ansicht von Prof. Dr. Dr. Hans-Werner Stiftlein-Brösig mindestens 55 000 Euro betragen. Der Interessenverband der Bleistiftnutzer, IVdBN fordert daher die deutsche Wirtschaft auf, nicht nur Geräte der Bürokommunikation, sondern auch Bleistifte einer verstärkten Überprüfung auf deren ergonomische Gestaltung zu unterziehen..

Lösungshinweise - So gehen Sie vor

Die Überschrift wird in der ersten Zeile als WortArt eingefügt (Menübefehl EINFÜGEN-GRAFIK-WordArt...). Wählen Sie ein Format aus und geben Sie anschließend den Text "Neues aus der Arbeitswelt" ein. Da neben der Überschrift kein weiterer Text platziert werden muss, brauchen Sie den Textfluss nicht weiter ändern, einige Leerzeilen unterhalb genügen.

Die Grafiken wurden aus der Microsoft ClipArt Sammlung in den Text eingefügt, bei der Suche nach geeigneten ClipArts verwenden Sie am besten Suchbegriffe wie Büro, Menschen oder ähnliches.

Damit nach dem Einfügen der übrige Text um die Grafik herumfließt, müssen Sie die Grafiken formatieren - entweder mit Doppelklick in die Grafik oder über das Menü FORMAT (die Grafik muss dazu markiert sein). Im Register Layout legen Sie entweder Rechteck oder Passend als Textfluss fest. Damit die Grafik exakt am linken, bzw. rechten Seitenrand ausgerichtet wird, wählen Sie darunter die gewünschte horizontale Ausrichtung.

Grafik formatieren - Ausrichtung festlegen:

Seriendruck

In dieser Lektion lernen Sie...
- Einfache Serienbriefe
- Verwendung von Hauptdokument und Datenquelle

Was Sie für diese Lektion wissen sollten:
- Textbearbeitung und -formatierung
- Word-Tabellen

ca. 45 Min.

Was versteht man unter Seriendruck?

Der Seriendruck ist eine wichtige Möglichkeit, Dokumente wie beispielsweise Briefe, Einladungen, Angebote oder Ähnliches an einen größeren Personenkreis zu drucken und gleichzeitig mit persönlicher Anschrift und Anrede zu versehen. Nicht nur Briefe, sondern auch Umschläge oder Etiketten können auf diese Weise gedruckt werden.

Individuelle Briefe an einen großen Personenkreis drucken.

Als Voraussetzung zum Seriendruck benötigen Sie zwei verschiedene Dokumente (Dateien):

- Ein Dokument mit dem eigentlichen Brieftext, anstelle der veränderlichen Textteile, beispielsweise der Anschrift werden Platzhalter eingesetzt. Dieses Dokument wird auch als **Hauptdokument** bezeichnet.

Hauptdokument

- Die einzelnen Adressen müssen in einem zweiten Dokument gespeichert sein das auch als **Datenquelle** bezeichnet wird. Meist liegen die Adressangaben in Tabellenform vor.

Datenquelle

Beim eigentlichen Seriendruck werden diese beiden Dateien verbunden (zusammengeführt), dabei wird das Hauptdokument für jede einzelne Adresse der Datenquelle entweder sofort gedruckt oder zunächst in ein neues Dokument ausgegeben. Die Anzahl der Briefe, die gedruckt werden entspricht der Anzahl Ihrer Adressen in der Datenquelle.

Empfängeradressen - Datenquelle

Die Adressen für den Seriendruck sind meist bereits vorhanden: beispielsweise als Microsoft Excel Tabelle, als Tabelle oder Abfrage aus einer Microsoft Access Datenbank; Sie können aber auch Ihre Kontaktadressen aus Microsoft Outlook verwenden. Daneben unterstützt Word auch den Datenimport aus DBase oder Paradox Datenbanken oder die Verwendung von einfachen Textdateien (.txt), in Textdateien müssen die einzelnen Adressangaben durch Semikolon (;) getrennt sein.

Sind noch keine Adressen gespeichert, können sie im einfachsten Fall auch in einem Word-Dokument in einer Tabelle gespeichert werden.

Tabellenaufbau
Die erste Zeile einer Adresstabelle enthält die Spaltenüberschriften, auch als **Feldnamen** bezeichnet. Diese werden später beim Seriendruck als Platzhalter (Seriendruckfelder) verwendet.

- Die Spalten der Tabelle werden auch als **(Daten)felder** bezeichnet.

- Die Zeilen der Tabelle werden als **Datensätze** bezeichnet, und enthalten Adressen und eventuell auch weitere Informationen für jeden Empfänger. Eine Tabelle mit 50 Adressen umfasst also 50 Datensätze und insgesamt 51 Zeilen (die Spaltenüberschriften eingerechnet).

Spaltenüberschriften = Feldnamen

Zeilen = Datensätze

Beispiel für eine Tabelle als Datenquelle:

Anrede	Nachname	Vorname	Strasse	PLZ	Ort	Geburtsdatum
Herr	Schimpf	Fritz	Schlossallee 100	78512	Kleinhausen	15-07-74
Frau	Klein	Vera	Bäckerweg 9	94315	Straubing	27-05-69
Herr	Moritz	Max	Brotgasse 99	94032	Passau	15-11-75
Frau	Staudinger	Irene	Gartenweg 8	94065	Waldkirchen	07-05-59
Frau	Widasrix	Erna	Dorfgasse 9	94474	Vilshofen	05-04-65
Herr	Schmid	Konrad	Rathausplatz 33	94032	Passau	01-09-69
Frau	Ammer	Christa	Nikolastr. 3	94032	Passau	19-02-67
Frau	Fischer	Gille	Mostweg 5	94342	Strasskirchen	23-05-65
Herr	Müller-Lüdenscheid	Karl-Heinz	Passauer Str. 3a	94474	Vilshofen	03-02-73
Herr	Fürchterlich	Gotthilf	Maxplatz 3	94315	Straubing	01-07-48
Herr	Hintermaier	Erwin	Feldweg 77	94065	Waldkirchen	03-01-55
Frau	Abel	Maria	Finkenweg 33	94032	Passau	17-08-59

Datenquelle als Word-Dokument erstellen

Wenn noch keine Adressen gespeichert sind, müssen Sie zuerst alle erforderlichen Angaben erfassen und speichern. Verfügen Sie auf Ihrem PC weder über ein Datenbankprogramm (beispielsweise Microsoft Access) noch eine Tabellenkalkulation wie Microsoft Excel, so speichern Sie die Adressen einfach in einem Word Dokument:

Die Datenquelle enthält alle Empfänger-Adresssen.

So gehen Sie vor:

1. Öffnen Sie ein neues leeres Dokument und speichern Sie das Dokument unter einem aussagekräftigen Namen wie "Kundenmailing_08-05.doc"

2. Wählen Sie für umfangreiche Tabellen am besten über den Menübefehl DATEI-SEITE EINRICHTEN als Ausrichtung Querformat.

3. Fügen Sie **ab der ersten Zeile** Ihres Dokuments eine Tabelle mit der erforderlichen Anzahl Spalten ein, für jede Adressinformation benötigen Sie eine Spalte.

4. Geben Sie in der ersten Zeile die Spaltenüberschriften ein, beispielsweise **Anrede, Vorname, Nachname, Strasse, PLZ und Ort.**

5. Ab der zweiten Zeile geben Sie nun Ihre Kundenadressen ein, Formatierungen sind nicht erforderlich.

6. Speichern und schließen Sie das Dokument.

> **Wichtig: Die Tabelle muss in der ersten Zeile des Dokuments beginnen und in der ersten Zeile die Spaltenüberschriften enthalten. Die Datenquelle darf sonst keine weiteren Informationen enthalten.**

Hauptdokument erstellen und bearbeiten

Um das **Hauptdokument** mit dem eigentlichen Brieftext zu erstellen, öffnen Sie ein neues, leeres Dokument und speichern das Dokument. Den Inhalt können Sie hier wie in jedem normalen Word Dokument eingeben, bearbeiten und formatieren. Natürlich kann auch ein bereits bestehendes Dokument geöffnet und als Hauptdokument verwendet werden.

Das Hauptdokument enthält den eigentlichen Brieftext.

Nun müssen Sie nur noch das normale Word Dokument in Serienbriefe umwandeln. Dabei unterstützt Sie der **Seriendruck-Assistent** von Word (früher Seriendruck-Manager), den Sie im Untermenü des Menübefehls EXTRAS–BRIEFE UND SENDUNGEN finden.

Seriendruck-Assistent

Am rechten Rand des Word-Bildschirms erscheint der Aufgabenbereich Seriendruck und der Assistent führt Sie durch die insgesamt sechs Schritte zur Erstellung eines einfachen Serienbriefs.

Die Arbeitsschritte des Seriendruck-Assistenten:

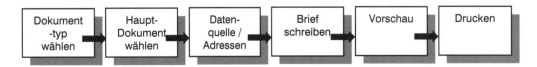

Dokumenttyp wählen

Im ersten Schritt bietet der Assistent eine Auswahl verschiedener Dokumenttypen für den Seriendruck an. Sie können wählen, ob Sie Briefe, Umschläge, Etiketten oder E-Mails (in diesem Fall benötigen Sie auch noch ein Programm zum Versenden und Empfangen von E-Mails, beispielsweise Outlook oder Outlook Express) erstellen wollen. Für Serienbriefe wählen Sie die Option Briefe und klicken im unteren Teil des Aufgabenbereichs auf den Befehl "Weiter: Dokument wird gestartet"

1. Schritt:
Dokumenttyp wählen.

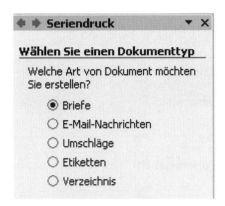

Hauptdokument wählen

Welches Dokument soll als Hauptdokument für die Serienbriefe verwendet werden? Sie können das aktuell geöffnete Dokument, ein bereits gespeichertes oder ein neues Dokument auf der Basis einer (Dokument)-Vorlage auswählen.
Ist der Brieftext bereits geöffnet, so klicken Sie auf Weiter.

2. Schritt:
Hauptdokument
festlegen.

Schritt 2 von 6

➡ Weiter:Empfänger wählen

⬅ Zurück: Dokumenttyp wählen

Hinweis: Mit dem Befehl Zurück können Sie jederzeit auch nachträglich Änderungen vornehmen.

Empfänger wählen

Im dritten Schritt wählen Sie die Datei aus, in der die Adressen der Empfänger gespeichert sind. Vorhandene Liste bedeutet, die Adressen sind bereits in einer Datei in einem beliebigen Dateityp gespeichert. Sie können hier aber auch Ihre Microsoft Outlook Kontakte wählen oder an dieser Stelle Adressen in eine neue Liste eingeben.

3. Schritt:
Datenquelle
festlegen/Öffnen.

Tipp: Haben Sie noch keine Adressen gespeichert, so bietet Word an, eine neue Liste zu erstellen und die Adressen über eine Datenmaske einzugeben. Da Sie aber meist nicht alle der Felder dieser Maske benötigen und eine Anpassung umständlich ist, sollten Sie besser eine Word-Tabelle, wie oben beschrieben oder eine Excel- Tabelle verwenden.

Im Normalfall wählen Sie die Option "Vorhandene Liste verwenden" und klicken darunter auf den Befehl "Durchsuchen...", um die Datei im Dialogfenster DATENQUELLE ÖFFNEN auszuwählen.

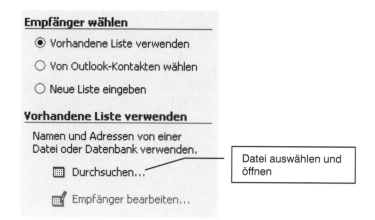

Nach dem Öffnen erscheint ein Fenster mit den Adressen:

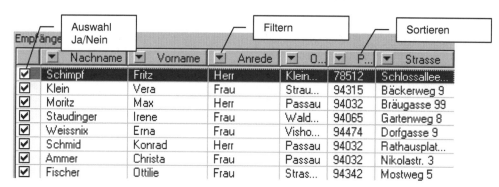

In diesem Fenster haben Sie nun die Möglichkeit, die Datensätze für den Seriendruck einzeln auszuwählen. Dazu verwenden Sie die Kontrollkästchen in der ersten Spalte. Sollen die Serienbriefe **sortiert** erzeugt werden, beispielsweise nach der Postleitzahl, so klicken Sie einfach auf die jeweilige Spaltenüberschrift.

Adressen sortieren

Wollen Sie Datensätze **filtern**, beispielsweise ausschließlich Kunden in Straubing, so klicken Sie auf das kleine Dreieck im Kopf einer Spalte. Hier legen Sie das Auswahlkriterium fest.

Datensätze filtern.

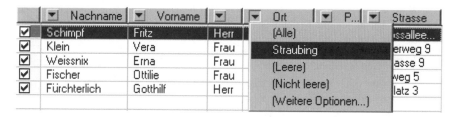

Hinweis: Dieses Fenster können Sie jederzeit auch nachträglich über die Schaltfläche: EMPFÄNGER BEARBEITEN wieder aufrufen.

Nach Auswahl der Datenquelle und der Datensätze gelangen Sie zum nächsten Schritt des Assistenten.

Brief schreiben, Hauptdokument bearbeiten

4. Schritt:
Hauptdokument
bearbeiten.

Im nächsten Schritt schreiben und bearbeiten Sie Ihr Hauptdokument. Wenn Sie den Brieftext bereits eingegeben und formatiert haben, müssen Sie jetzt nur noch die Empfängeradressen, beziehungsweise die Platzhalter für die Adressen hinzufügen.

Positionieren Sie den Cursor an der Stelle des Dokuments, an der Sie die Empfängeranschrift einfügen wollen und wählen eine der Optionen:

Adressblock

Hier bietet Word verschiedene, vordefinierte Anschriften zur Auswahl an. Diese Option sollten Sie allerdings nur dann wählen, wenn Sie entweder Ihre Outlook-Kontakte verwenden oder mit Hilfe der Datenmaske zuvor die Empfängerdaten eingegeben haben. Siehe auch unter Adressblock verwenden...

Weitere Elemente

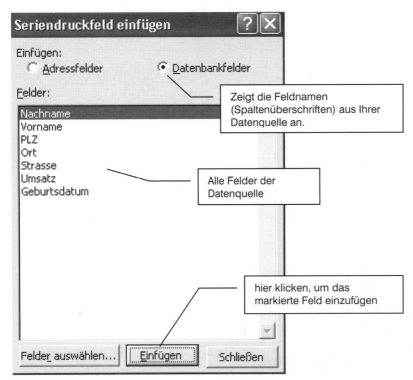

Seriendruckfelder
einzeln einfügen

Verwenden Sie dagegen eine andere Datenquelle (Word, Excel oder Access), so sollten Sie die Adressangaben einzeln in den Brief übernehmen.
Klicken Sie auf die Option "Weitere Elemente...", so erscheint das Fenster SERIENDRUCKFELD EINFÜGEN. Achten Sie darauf, dass die Datenbankfelder aus Ihrer Datenbank angezeigt werden und markieren Sie das erste benötigte Feld.

Seriendruckfelder einfügen:

Mit der Schaltfläche EINFÜGEN... fügen Sie das markierte Feld an der Cursorposition in Ihr Dokument ein, das Fenster bleibt geöffnet, so dass Sie anschließend nacheinander alle weiteren Felder ebenfalls einfügen können.

Klicken Sie zuletzt auf die Schaltfläche SCHLIESSEN, um das Hauptdokument weiter zu bearbeiten. Sie sehen nun im Brieftext die Seriendruckfelder, meist grau schattiert, an dieser Stelle erscheinen später beim Drucken die individuellen Adressen.

Nun müssen Sie im Hauptdokument nur noch zwischen den Seriendruckfeldern Leerzeichen und Zeilenumbrüche einfügen, dies erfolgt nicht automatisch! Falls erforderlich, können Sie die Seriendruckfelder auch formatieren.

«Anrede»
«Vorname» «Nachname» «Strasse»«PLZ»«Ort»

Hinweis: Die graue Schattierung kennzeichnet in Word so genannte Felder und erscheint nicht auf dem Ausdruck. Wenn Sie die Anzeige der Schattierung ändern möchten, so öffnen Sie über das Menü EXTRAS das Dialogfenster OPTIONEN und klicken auf das Register Ansicht. Unter Feldschattierung können wählen, ob und wann eine Schattierung auf dem Bildschirm erscheinen soll..

Schattierung kennzeichnet Felder und erscheint nicht im Ausdruck!

Vorschau auf Ihre Briefe
Im nächsten Schritt sehen Sie zur Kontrolle am Bildschirm eine Vorschau auf Ihre Briefe. Klicken Sie auf die Schaltflächen, um die Empfänger nacheinander anzuzeigen.

5. Schritt: Die Briefe in der Vorschau kontrollieren.

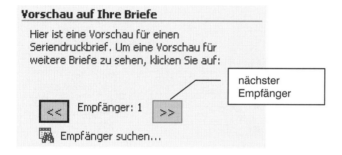

Seriendruck beenden
Im letzten Schritt wird das fertig erstellte Hauptdokument mit der Datenquelle zusammengeführt und die eigentlichen Serienbriefe entweder gedruckt oder in eine Datei ausgegeben.

6. Schritt: Das Haupt-Dokument mit der Datenquelle zusammenführen.

Ein Mausklick auf den Befehl "Drucken..." startet die sofortige Druckausgabe.

Individuelle Briefe bearbeiten...
Wählen Sie dagegen den Befehl "Individuelle Briefe bearbeiten..." so gibt Word das Ergebnis in ein **neues Dokument** aus das Sie nachträglich auch von Hand bearbeiten und anschließend drucken können. Dieses Dokument enthält für jeden der Briefe einen eigenen Abschnitt, und erscheint sofort unter dem Namen Serienbriefe1 auf dem Bildschirm; umfasst das Hauptdokument nur eine einzige Seite, so entspricht die Gesamtzahl der Seiten der Anzahl der Adressen in der Datenquelle. Das eigentliche Hauptdokument bleibt im Hintergrund geöffnet, über die Taskleiste kehren Sie zurück.

Das neue Dokument erscheint sofort am Bildschirm

Vorsicht bei
Verwendung des
Adressblocks!

Adressblock verwenden

Der Adressblock enthält bereits vollständige Anschriften, zusammengesetzt aus den Feldern der Datenmaske oder der Outlook Kontakte. Wenn Sie ein Word Dokument oder eine Excel Tabelle als Datenquelle verwenden, so müssen Sie den Adressblock in den meisten Fällen erst anpassen. Möchten Sie trotzdem anstelle der einzelnen Seriendruckfelder den Adressblock verwenden, so gehen Sie wie folgt vor:

Mit der Auswahl Adressblock... erscheint ein Dialogfenster in dem Sie das Aussehen des Adressblocks wählen können.

In den meisten Fällen müssen Sie im nächsten Schritt angeben, aus welchen Feldern der Adressblock gebildet werden soll. Klicken Sie dazu auf die Schaltfläche "Felder..." .

Schreibweise der
Seriendruckfelder
muss
übereinstimmen!

Feldnamen aus Ihrer Datenquelle werden hier nur dann angezeigt, wenn die Schreibweise der Feldnamen übereinstimmt. Sie müssen also beispielsweise in der rechten Spalte auswählen, welches Feld anstelle des Feldnamens Adresse1 verwendet werden soll. Da die Schreibweise für die Postleitzahl ebenfalls nicht übereinstimmt, müssen Sie dem Feld Postleitzahl in der linken Spalte noch das Feld PLZ in der rechten Spalte zuordnen. Bestätigen Sie zuletzt noch mit OK.

Felder zuordnen

Statt der einzelnen Seriendruckfelder finden Sie im Dokument nun das Feld AdressBlock als Platzhalter für die Postanschrift. Bei Bedarf können Sie auch diesen Platzhalter wie normalen Text formatieren.

Die Symbolleiste Seriendruck verwenden

Die Symbolleiste
Seriendruck.

Über den Menübefehl EXTRAS-BRIEFE UND SENDUNGEN können Sie im Untermenü auch die Symbolleiste Seriendruck einblenden. Über die einzelnen Symbole können Sie ebenfalls die einzelnen Schritte des Assistenten ausführen, also weitere Seriendruck-Elemente einfügen, die Vorschau aktivieren, Datensätze durchblättern und die Serienbriefe auf dem Drucker oder in ein neues Dokument ausgeben

Seriendruck-Manager verwenden

Der Seriendruck-Assistent ist neu in Word 2002. Sollten Sie den "alten" Seriendruck-Manager vermissen, den Sie vielleicht aus älteren Word Versionen kennen, so können Sie diesen nach wie vor verwenden.

Seriendruck Manager

Wählen Sie dazu im Menübefehl EXTRAS – ANPASSEN das Register Befehle. Unter der Kategorie Alle Befehle finden Sie den Seriendruck-Manager. Ziehen Sie den Befehl mit gedrückter linker Maustaste zuerst auf das Menü EXTRAS und dort an die gewohnte Stelle.

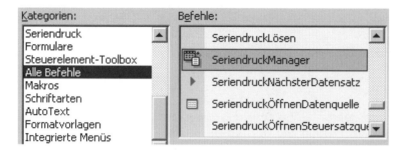

Zusammenfassung

- Mit Serienbriefen können Briefe mit persönlicher Anschrift an einen größeren Empfängerkreis gedruckt werden. Für den Seriendruck benötigen Sie immer zwei verschiedene Dokumente, bzw. Dateien: die Adressen der Empfänger, auch als Datenquelle bezeichnet und den Brieftext als Hauptdokument. Die Datenquelle enthält alle erforderlichen Empfängerinformationen, meist in Tabellenform. Sie können dazu ein Word-Dokument, eine Excel-Tabelle, eine Access-Tabelle oder Abfrage, Ihre Outlook-Kontakte sowie eine Vielzahl anderer Dateiformate verwenden.

- Soll die Datenquelle in einem Word-Dokument erstellt werden, so müssen Sie ab der ersten Zeile des Dokuments eine Tabelle einfügen. Die erste Tabellenzeile muss die Spaltenüberschriften enthalten, auch als Feldnamen bezeichnet. Diese erscheinen später im Hauptdokument als Platzhalter oder Seriendruckfelder anstelle der Empfängeradresse. Die Zeilen der Tabelle, bzw. die Empfängeradressen werden als Datensätze bezeichnet.

- Über den Menübefehl EXTRAS-BRIEFE UND SENDUNGEN öffnen Sie im Aufgabenbereich den Seriendruck-Assistenten, der Sie nacheinander durch alle Schritte der Serienbrieferstellung führt.

- Die Platzhalter für die Empfängeranschrift werden als Seriendruckfelder bezeichnet und können entweder als einzelne Elemente oder als vordefinierter Adressblock eingefügt werden. Den Adressblock sollten Sie nur dann verwenden, wenn die Schreibweise Ihrer Feldnamen mit der Schreibweise im Adressblock übereinstimmt, andernfalls müssen Sie zunächst angeben, aus welchen Feldern der Adressblock gebildet werden soll.

- Vor dem Zusammenführen sollten die Briefe noch in der Vorschau kontrolliert werden. Wenn Sie das Hauptdokument im letzten Schritt mit der Datenquelle verbinden, können die Briefe entweder sofort auf dem Drucker oder in ein neues Dokument ausgegeben werden. Bei der Seriendruckausgabe in ein neues Dokument kann dieses nachträglich bearbeitet und anschließend ebenfalls gedruckt werden.

Übung

Ihre Firma hatte ein Preisausschreiben gestartet und nun sollen Sie die glücklichen Gewinner der sechs Hauptgewinne mit Hilfe eines Serienbriefs benachrichtigen. Da die Adressen der Gewinner noch in keiner Kundendatenbank gespeichert sind, müssen Sie zuerst diese erfassen.

Vorüberlegung

Welche Angaben benötigen Sie für die Serienbriefe, wie viele Spalten sind erforderlich?
(Name, Vorname, Anrede, Strasse, PLZ, Ort, ev. Land, welcher Preis gewonnen?, was ist der jeweilige Gewinn?)

Die Datenquelle

Starten Sie Microsoft Word mit einem neuen, leeren Dokument das Sie unter dem Namen **Gewinneradressen.doc** speichern. Fügen Sie nun ab der ersten Zeile eine Tabelle mit den benötigten Spalten ein, geben Sie zuerst die Spaltenüberschriften ein und anschließend sechs beliebige Adressen mit verschiedenen, beliebigen Gewinnen.

Beispiel:

Name	Vorname	Anrede	Strasse	PLZ	Ort	Preis	Gewinn
Brösel	Max	Herr	Feldweg 44	94032	Passau	1.	eine Reise nach Florida
Weniger-Mehr	Anna	Frau	Mozartstr. 3a	22045	Hamburg	2.	eine Reise nach Mallorca
Fischbach	Susi	Frau	Steinleite 19	94474	Vilshofen	3.	einen Laptop
Ratlos	Rudi	Herr	An der Seewiese 3	82024	Taufkirchen	4.	ein Fernsehgerät
Grünfelder	Sandra	Frau	Bergweg 5	94081	Fürstenzell	5.	einen MP3-Player
Zeisig	Werner	Herr	Krümelweg 89b	04259	Leipzig	6.	einen original HEITO Rucksack

Speichern und schließen Sie anschließend das Dokument.

Der eigentliche Brieftext - das Hauptdokument

Öffnen Sie ein neues, leeres Dokument das Sie unter dem Namen **Preisausschreiben-Benachrichtigung,doc** speichern. Geben Sie anschließend den folgenden Brieftext ein und formatieren Sie den Text ähnlich der Vorlage.

Anstelle einer Anschrift setzen Sie die jeweiligen Seriendruckfelder ein. Beachten Sie, dass die Feldschattierung nicht gedruckt wird und über den Menübefehl EXTRAS-OPTIONEN auch ausgeblendet werden kann.

Hinweis: Verwenden Sie für die Adresse nicht den vordefinierten Adressblock, sondern fügen Sie die Seriendruckfelder einzeln ein.

Das Hauptdokument:

HEITO Bürobedarf GmbH
Holzgasse 13
94032 Passau
Telefon 0851-778899
Fax 0851-778890

HEITO Bürobedarf GmbH - Holzgasse 13 - 94032 Passau

«Anrede» «Vorname» «Name»
«Strasse»

«PLZ» «Ort»

Passau, den 25.Juli 2008

SIE HABEN GEWONNEN!

herzlichen Glückwunsch «Anrede» «Name» - Sie haben bei unserem
Preisausschreiben vom Anfang des Jahres gewonnen.

«Preis» Preis
«Gewinn»

Unser Filialleiter wird Ihnen den Gewinn in unseren Geschäftsräumen persönlich
überreichen und zwar am:

5. August 2005 um 10 Uhr.

Wir gratulieren Ihnen herzlich zu Ihrem Gewinn und hoffen, dass wir Sie auch
weiterhin zu unseren treuen Kunden zählen dürfen.

Mit freundlichen Grüßen

Irene Mustermann

Glossar

.doc	Word Dokumente werden standardmäßig mit der Dateinamenserweiterung .doc gespeichert.
.dot	Die Dateinamenserweiterung .dot kennzeichnet Dokumentvorlagen und wird beim Speichern einer Dokumentvorlage automatisch angefügt.
Absatz	Einen Absatz beenden Sie, wenn Sie die Return-Taste drücken. Es erscheint das Steuerzeichen ¶.
Absatzformat	Ein Absatzformat bezieht sich immer auf den gesamten Absatz, also auch auf mehrere Zeilen.
Absatzformatvorlage	Eine Absatzformatvorlage kann Zeichen- oder Absatzformate enthalten. Diese werden automatisch dem gesamten Absatz zugewiesen.
Abschnitt	Druckseiten-Einstellungen beziehen sich immer auf Abschnitte. Für unterschiedliche Einstellungen innerhalb eines einzigen Dokuments muss daher zuvor ein Abschnittswechsel eingefügt werden.
Access	Datenbankprogramm und Teil von Microsoft Office.
Adressblock	Der Seriendruck-Assistent bietet zum Einfügen der Anschrift im Hauptdokument verschiedene vordefinierte Adressblöcke an.
Aufgabenbereich	Der Word-Aufgabenbereich erscheint bei manchen Befehlen anstelle eines Dialogfensters und kann über das Menü ANSICHT ein- und ausgeblendet werden.
Aufzählungszeichen	Sonderzeichen, mit denen in Word Absätze versehen werden können (Listen).
Ausrichtung	Die Ausrichtung einer Druckseite im Hoch- oder Querformat wird im Menü DATEI-SEITE EINRICHTEN... festgelegt.
Ausschneiden	Markierter Text wird an der ursprünglichen Stelle in die Zwischenablage ausgeschnitten (nicht gelöscht).
Autokorrektur	Die Autokorrektur korrigiert im Gegensatz zur Rechtschreibprüfung automatisch bereits während der Eingabe häufige Fehler.
Automatische Silbentrennung	Ist die automatische Silbentrennung aktiviert, erfolgt auch bei nachträglichen Änderungen des Textes eine erneute Silbentrennung.
Automatischer Seitenumbruch	Word beginnt automatisch eine neue (Druck) Seite, wenn eine Zeile nicht mehr auf eine Seite passt. Bei nachträglichen Textänderungen kann sich auch der automatische Seitenumbruch ändern.
Automatischer Zeilenumbruch	Passt während der Eingabe ein Wort nicht mehr in eine Zeile, erfolgt ein automatischer Zeilenumbruch: Das gesamte Wort wird in die nächste Zeile übernommen.
AutoText	Gespeicherter Text einschließlich Formatierungen, der immer wieder in ein Dokument eingefügt werden kann. (Textbaustein)

Backspace	Die Rückschritt- oder Korrektur Taste, befindet sich auf der Tastatur über der RETURN-Taste und löscht das Zeichen links vom Cursor.
Bedingter Trennstrich	Bedingte Trennstriche werden mit STRG+Bindestrich oder zusammen mit der Silbentrennung eingefügt und werden nur am Ende einer Zeile gedruckt.
Bundsteg	Platz der für die Bindung oder Lochung der Seiten benötigt wird.
ClipArt	ClipArt Grafiken sind in Form einer Sammlung Bestandteil des Office Pakets.
Clip-Organizer	Der Clip-Organizer ist ein kleines Programm, das Sie bei der Verwaltung von Grafiken, Bildern und ClipArts unterstützt.
Cursor	Die Einfüge- oder Schreibmarke von Word
Dateinamenserweiterung	Die Dateinamenerweiterung kennzeichnet den Typ einer Datei, sowie die Anwendung mit der eine Datei erstellt wurde.
Dateityp	Der Dateityp wird durch die Anwendung, mit der eine Datei erstellt wurde, festgelegt.
Datenquelle	Die Datenquelle ist eine Adressdatenbank für Word-Serienbriefe und kann als Word, Excel oder Access-Datei in Form einer Tabelle vorliegen.
Datensatz	Jede Adresszeile in einer Adressdatenbank wird auch als Datensatz bezeichnet.
Dokumentvorlagen	Dokumentvorlagen dienen als Vorlage oder Vordruck für jedes neue Word-Dokument. Zusammen mit Dokumentvorlagen können Seiteneinstellungen, AutoText und Formatvorlagen gespeichert werden.
Drag and Drop	Ziehen und Fallenlassen, gemeint ist damit das Verschieben von Text oder Grafik mit der Maus.
Druckvorschau	Die Seitenansicht oder Druckvorschau zeigt ein Dokument am Bildschirm exakt so an, wie es gedruckt wird.
Einfügemodus	Wenn Sie nachträglich Text eingeben, wird dieser automatisch eingefügt und zwar links von der Cursorposition.
Einfügen	Zuvor ausgeschnittene oder kopierte Elemente aus der Zwischenablage an der Cursorposition einfügen.
Einzug	Mit einem Einzug wird ein Absatz gegenüber dem Seitenrand ein- oder ausgerückt.
ENTF	Die Taste ENTF löscht markierten Text oder das Zeichen rechts von der Cursorposition.
Erstzeileneinzug	Bei einem Erstzeileneinzug wird die erste Zeile eines Absatzes um das angegebene Maß eingerückt.
ESC-Taste	Die ESC-Taste verwenden Sie anstelle der Schaltfläche Abbrechen.
Excel	Tabellenkalkulationsprogramm und Teil von Microsoft Office.

Feld	Inhalte von Feldern, beispielsweise ein aktualisierbares Datum können von Word aktualisiert werden.
Feldnamen	Die erste Zeile einer Datenquelle enthält die Spaltenüberschriften, auch als Feldnamen bezeichnet. Diese Feldnamen dienen als Platzhalter oder Seriendruckfelder im Hauptdokument.
Filtern	Auswahl bestimmter Adressen für den Seriendruck.
Fließtext	Text über mehrere Zeilen mit automatischem Zeilenumbruch
Formatierung	Nachträgliche Textgestaltung
Formatvorlagen	Formatvorlagen speichern Formatierungen und können nachträglich dem Text zugewiesen werden. Änderungen an der Formatvorlage wirken sich auch auf den dazugehörigen Text aus.
Füllzeichen	Der Abstand bis zur nächsten Tabulator-Position kann mit Füllzeichen automatisch aufgefüllt werden.
Geschützter Bindestrich	Ein geschützter Bindestrich verhindert an dieser Stelle einen Zeilenumbruch. Eingabe mit den Tasten STRG+Umschalt+Bindestrich.
Geschütztes Leerzeichen	Das geschützte Leerzeichen verhindert an dieser Stelle einen Zeilenumbruch. Eingabe mit den Tasten STRG+Umschalt+Leer.
Gitternetz	Auch wenn eine Tabelle nicht mit Rahmenlinien gedruckt wird, können auf dem Bildschirm graue Gitternetzlinien eingeblendet werden.
Hängender Einzug	Mit einem hängenden Einzug werden alle Folgezeilen ab der zweiten Zeile eines Absatzes eingerückt.
Hauptdokument	Das Hauptdokument enthält den eigentlichen Brieftext für Word-Serienbriefe.
Icon	Andere Bezeichnung für Symbol in einer der Symbol-leisten.
Kapitälchen	Als Kapitälchen bezeichnet man die Formatierung mit großen und kleinen Großbuchstaben.
Klicken und Eingeben	Mit Doppelklick können in Word größere Leeräume schnell überbrückt werden.
Kontextmenü	Im Kontextmenü zeigt Word verfügbare Befehle an, klicken Sie dazu mit der rechten Maustaste auf einen Text.
Kopf- und Fußzeile	Elemente, die automatisch auf jeder Seite am oberen oder unteren Rand gedruckt werden sollen, beispielsweise Seitenzahlen werden in die Kopf- oder Fußzeile eingefügt.
Kopieren	Markierter Text bleibt an der ursprünglichen Stelle bestehen und wird gleichzeitig in die Zwischenablage kopiert.
Listen	Mehrere Absätze, die entweder fortlaufend nummeriert oder mit Aufzählungszeichen versehen werden.
Manueller Seitenumbruch	Ein Seitenwechsel (Seitenumbruch) wird manuell eingefügt mit der Tastenkombination STRG+RETURN.

Markieren	Text mit der Maus oder Tastatur für die weitere Bearbeitung auswählen.
Maßeinheit	Die Standardmaßeinheit ist normalerweise cm. Andere zulässige Maßeinheiten müssen mit angegeben werden, z.B. 3 ze = 3 Zeilen.
Normalansicht	Die Ansicht Normal unterscheidet sich von der Ansicht Seitenlayout dadurch, dass am Bildschirm keine Seitenränder angezeigt werden.
NORMAL.dot	Die Standard-Dokumentvorlage für alle neuen, leeren Dokumente. Diese Dokumentvorlage steht allen Dokumenten zur Verfügung.
Nummerierung	Abätze können in Word automatisch fortlaufend nummeriert werden. Zur Nummerierung stehen verschiedene Zahlenformate zur Verfügung.
Office Zwischenablage	Im Gegensatz zur Windows Zwischenablage kann die Office Zwischenablage bis zu 24 ausgeschnittene oder kopierte Elemente aufnehmen.
Papierformat	Über das Menü DATEI-SEITE EINRICHTEN können verschiedene Papierformate ausgewählt werden.
Proportionalschrift	Bei einer Proportionalschriftart hat jedes Zeichen eine individuelle Breite, der Buchstabe M ist beispielsweise breiter als ein I.
Punkt	Punkt (pt) ist die typografische Maßeinheit für die Schriftgröße. Die Standardgröße ist 12 Punkt und entspricht der Größe der Schreibmaschinenschrift.
Rahmen	In Word können Zeichen, Absätze, Tabellenzellen oder Seiten mit Rahmenlinien versehen werden. Rahmen kann dabei auch einzelne Rahmenlinien oben oder unten bedeuten.
RETURN-Taste	Die RETURN-Taste beendet einen Absatz.
RTF	Rich-Text-Format, ein Dateityp in dem auch Word-Dokumente gespeichert werden können.
Schattierung	Hintergrundfarbe für Absätze, Zeichen oder Tabellenzellen, auch ohne Rahmenlinien möglich.
Schriftgrad	Schriftgröße in Punkt (pt).
Seitenansicht	Die Seitenansicht oder Druckvorschau zeigt ein Dokument am Bildschirm exakt so an, wie es gedruckt wird.
Seitenlayoutansicht	In dieser Ansicht kann Text eingegeben und bearbeitet werden und erscheint auf dem Bildschirm genauso, wie er anschließend auf dem Drucker ausgegeben wird.
Seitenrand	Die Seitenränder legen den Abstand zum Papierrand fest und beziehen sich entweder auf das gesamte Dokument oder bestimmte Abschnitte.
Seitenzahlen	Eine fortlaufende Nummerierung der Druckseiten erfolgt in der Kopf- oder Fußzeile.
Seriendruck	Verbinden von Datenquelle und Hauptdokument zu Serienbriefen oder Etiketten.

Seriendruck-Assistent	Dieser Assistent erscheint im Aufgabenbereich und führt Sie durch alle Schritte der Erstellung von Seriendruck Dokumenten.
Seriendruckfelder	Als Seriendruckfelder werden die Spaltenüberschriften der Datenquelle bezeichnet, die als Platzhalter anstelle der Namen und Adressen in ein Hauptdokument eingesetzt werden.
Seriendruck-Manager	Der Seriendruck-Manager unterstützt ebenfalls bei der Erstellung von Serienbriefen und wird von älteren Versionen von Word verwendet.
ShortCuts	Tastenkombinationen, die anstelle von Symbolen oder Menübefehlen verwendet werden können.
Silbentrennzone	Mindestbreite für Trennungen.
SmartTag	SmartTags bieten zusammen mit verschiedenen Aktionen wie beispielsweise Einfügen zusätzliche Optionen in Form eines Menüs an.
Sonderzeichen	Zeichen, die nicht auf einer Tastatur enthalten sind oder Zeichen einer Symbolschriftart können über das Menü EINFÜGEN–SYMBOL... eingefügt werden.
Standard	Die Formatvorlage Standard enthält das Standardformat für jeden neuen Absatz.
Standard Tabstopps	Word verfügt über Standard Tabstopps im Abstand von 1,25 cm, die Sie immer verwenden können, auch wenn Sie keine Tabstopps gesetzt haben.
Standardschrift	Die Standardschrift legt fest, mit welcher Schriftart und -größe eingegebener Text in neuen Dokumenten zunächst erscheint.
Steuerzeichen	Verschiedene Tasten wie Tab-Taste, Return-Taste oder Leertaste erzeugen in Word Steuerzeichen, die nicht gedruckt werden und ein- und ausgeblendet werden können (z.B. ¶ als Absatzende).
Tabelleneigenschaften	Exakte Maßangaben für Spaltenbreiten und Zeilenhöhen einer Tabelle.
Tabstopp	Tabulatorpositionen, die Sie mit der Tab-Taste auf der Tastatur ansteuern.
Tabstopp-Ausrichtung	Die Tabstopp-Ausrichtung legt fest, wie Text an der Tabulatorposition ausgerichtet wird; links, rechts, zentriert oder Dezimal.
Textfeld	Mit Hilfe von Textfeldern kann Text in einem Dokument beliebig positioniert werden.
Textumbruch	Der Textumbruch legt fest, wie der umgebende Text um ein Grafikobjekt herumfließt.
Überschreibmodus	In diesem Modus wird beim nachträglichen Einfügen bestehender Text überschrieben. Den Einfügemodus erkennen Sie am Kürzel ÜB in der Statuszeile.
Verankern	Eine Grafik kann mit einem Absatz verankert werden, damit wird die Position der Grafik zum Absatz auch bei nachträglichem Einfügen oder Löschen von Text beibehalten.

Weblayout	Diese Ansicht wird zur Erstellung von Webseiten verwendet, Text erscheint wie eine Webseite im Internet und der Zeilenumbruch orientiert sich an der Breite des Fensters und nicht an einer Druckseite.
Weiche Zeilenschaltung	Eine weiche Zeilenschaltung (weiches Return) beginnt eine neue Zeile, ohne einen Absatz zu beenden.
WordArt	WordArt ermöglicht für kurze Texte zusätzliche grafische Texteffekte. Diese Texte werden wie Grafikobjekte behandelt.
Zeichenformat	Zeichenformate beziehen sich immer nur auf einzelne Zeichen, zum Formatieren mit Zeichenformaten müssen daher Zeichen markiert sein.
Zeichenformatvorlage	Eine Zeichenformatvorlage enthält ausschließlich Zeichenformate und kann nur markierten Zeichen zugewiesen werden.
Zeichnungsbereich	Ein Zeichnungsbereich wird von Word standardmäßig beim Einfügen von Textfeldern und Zeichnungsobjekten erzeugt, dies kann jedoch über das Dialogfenster Optionen deaktiviert werden.
Zoom	Vergrößern und Verkleinern der Bildschirmanzeige.
Zwischenablage	Die Zwischenablage speichert ausgeschnittenen oder kopierten Text. Dieser kann anschließend beliebig oft wieder eingefügt werden.

Stichwortverzeichnis